数字化管理创新系列教材

质保数据分析

阮渊鹏 戴安舒 编著

清华大学出版社
北京

内 容 简 介

本书共分为6章，内容包括概述、产品质保政策、产品质保数据、质保数据分析的可靠性理论基础、产品可靠性分析方法、基于质保数据的产品质保成本建模。本书在全面介绍相应知识点的同时，还提供了大量的实例来帮助读者理解和应用，并且每章均附有习题。

本书可作为高等院校工业工程类专业高年级本科生、研究生的教材，同时也可供企业内从事产品质保政策制定、售后维修、故障分析等活动的相关工作人员参考。

本书封面贴有清华大学出版社防伪标签，无标签者不得销售。
版权所有，侵权必究。举报: 010-62782989, beiqinquan@tup.tsinghua.edu.cn。

图书在版编目(CIP)数据

质保数据分析/阮渊鹏，戴安舒编著．—北京：清华大学出版社，2023.4
数字化管理创新系列教材
ISBN 978-7-302-62409-7

Ⅰ.①质… Ⅱ.①阮… ②戴… Ⅲ.①产品质量－质量管理－数据处理－教材 Ⅳ.①F273.2-39

中国国家版本馆 CIP 数据核字(2023)第 016234 号

责任编辑：刘向威
封面设计：文　静
责任校对：韩天竹
责任印制：朱雨萌

出版发行：清华大学出版社
网　　址：http://www.tup.com.cn, http://www.wqbook.com
地　　址：北京清华大学学研大厦 A 座　　邮　编：100084
社 总 机：010-83470000　　邮　购：010-62786544
投稿与读者服务：010-62776969, c-service@tup.tsinghua.edu.cn
质量反馈：010-62772015, zhiliang@tup.tsinghua.edu.cn
课件下载：http://www.tup.com.cn, 010-83470236

印 装 者：北京嘉实印刷有限公司
经　　销：全国新华书店
开　　本：185mm×260mm　　印　张：12.5　　字　数：205 千字
版　　次：2023 年 6 月第 1 版　　印　次：2023 年 6 月第 1 次印刷
印　　数：1~1500
定　　价：49.00 元

产品编号：087517-01

总序
FOREWORD

2003年,在习近平新时代中国特色社会主义思想的重要萌发地浙江,时任省委书记的习近平同志提出建设"数字浙江"的决策部署。在此蓝图的指引下,"数字浙江"建设蓬勃发展,数字化转型和创新成为当前社会的共识和努力方向。特别是党的十八大以来,我国加快从数字大国向数字强国迈进,以"数字产业化、产业数字化"为主线推动经济高质量发展,我国进入数字化发展新时代。

数字强国战略的实施催生出大量数字化背景下的新产业、新业态和新模式,响应数字化发展需求的人才培养结构和模式也在发生显著变化。加强数字化人才培养已成为政、产、学、研共同探讨的时代话题。高等教育更应顺应数字化发展的新要求,顺变、应变、求变,加快数字化人才培养速度、提高数字化人才培养质量,为国家和区域数字化发展提供更好的人才支撑和智力支持。数字化人才不仅包括数字化技术人才,也包括数字化管理人才。当前,得益于新工科等一系列高等教育战略的实施以及高等学校数字人才培养模式的改革创新,数字化技术的人才缺口正在逐步缩小。但相较于数字经济的快速发展,数字化管理人才的供给缺口仍然巨大,加强数字化管理人才的培养和改革迫在眉睫。

近年来,杭州电子科技大学管理学院充分发挥数字化特色明显的学科优势,努力推动数字化管理人才培养模式的改革创新。2019年,在国内率先开设"数字化工程管理"实验班,夯实信息管理与信息系统专业的数字化优势,加快工商管理专业的数字化转型,强化工业工程专业的数字化特色。当前,学院数字化管理人才培养改革创新已经取得良好的成绩：2016年，信息管理与信息系统专业成为浙江省"十三五"优势本科专业（全省唯一），2019年入选首批国家一流本科建设专业。借助数字化人才培养特色和优势，工业工程和工商管理专业分别入选首批浙江省一流本科建设专业。通过扎根数字经济管理领域的人才培养，学院校友中涌现了一批以独角兽数字企业联合创始人、创业者以及知名数字企业高管为代表的数字化管理杰出人才。

杭州电子科技大学管理学院本次组织出版的"数字化管理创新"系列教材，既是对学院前期数字化管理人才培养经验和成效的总结提炼，也为今后深化和升华数字化管理人才培养改革创新奠定了坚实的基础。该系列教材既全面剖析了技术、信息系统、知识、人力资源等数字化管理的要素与基础，也深入解析了运营管理、数字工厂、创新平台、商业模式等数字化管理的情境与模式，提供了数字化管理人才所需的较完备的知识体系建构；既在于强化系统开发、数据挖掘、数字化构建等数字化技术及其工程管理能力的培养，也着力加强数据分析、知识管理、商业模式等数字化应用及其创新能力的培养，勾勒出数字化管理人才所需的创新能力链条。

"数字化管理创新"系列教材的出版是杭州电子科技大学管理学院推进数字化管理人才培养改革过程中的一项非常重要的工作，将有助于数字化管理人才培养更加契合新时代需求和经济社会发展需要。"数字化管理创新"系列教材的出版放入当下商科人才培养改革创新的大背景中也是一件非常有意义的事情，可为高等学校开展数字化管理人才培养提供有益的经验借鉴和丰富的教材资源。

作为杭州电子科技大学管理学院的一员，我非常高兴地看到学院在数字化管理人才培养方面所取得的良好成绩，也非常乐意为数字化管理人才培养提供指导和支持。期待学院在不久的将来建设成为我国数字化管理人才培养、科学研究和社会服务的重要基地。

是为序！

中国工程院 机械与运载工程学部 院士
工程管理学部

2020年6月

前言

在产品同质化和竞争日益激烈的今天,产品的质量、可靠性及售后服务都是顾客关注的焦点。同时,为更好地满足顾客需求,提升企业的产品价值链,越来越多的生产型制造商逐渐转型为服务型制造商,即从单纯提供产品向提供"产品+服务"的商业模式转变,其中质保服务是产品服务过程中的重要组成部分。产品的制造商或销售商如何权衡自身和消费者的权益而制定合理有效的产品售后质保政策,对企业的经营收益、顾客忠诚度的培养及未来长期发展至关重要。本书秉持通俗易懂、循序渐进和理论联系实际的原则,一方面通过对知识点的讲解,另一方面通过大量符合实际的习题训练,让读者在实际应用中达到对知识点的深刻掌握和知识体系的初步构建。

本书共6章,主要内容有基本概念、产品质保政策、产品质保数据、质保数据分析的可靠性理论基础、产品可靠性分析方法、基于质保数据的产品质保成本建模。

本书可作为高等院校工业工程类专业高年级本科生、研究生的教材,同时也可供企业内从事产品质保政策制定、售后维修、故障分析等活动的相关工作人员参考。

全书由杭州电子科技大学管理学院阮渊鹏、天津财经大学管理科学与工程学院戴安舒负责编写并进行统稿,其中第1、2、6章由戴安舒编写,第3~5章由阮渊鹏编写。本书在编写过程中参考了国内外知名学者的相关科研论文和著(译)作,同时得到了杭州电子科技大学管理学院和天津财经大学管理科学与工程学院的大力支持,编者在此表示衷心的感谢。

由于编者水平有限,本书难免会有疏漏及不足之处,恳请读者和业内人士批评指正,以求不断改进和完善。

编　者

2023 年 1 月

目录

第1章 概述 … 1
- 1.1 产品及产品故障的定义 … 1
- 1.2 可靠性 … 8
- 1.3 产品可靠性与质量的关系 … 13
- 1.4 产品保证的定义及作用 … 16
- 1.5 本章小结 … 20
- 习题1 … 20

第2章 产品质保政策 … 22
- 2.1 质保政策 … 22
- 2.2 质保政策的分类 … 23
- 2.3 一维质保 … 26
- 2.4 二维质保 … 27
- 2.5 延长质保 … 28
- 2.6 可靠性增长质保政策 … 30
- 2.7 质保服务流程 … 30
- 2.8 质保成本及其组成 … 31
- 2.9 质保管理 … 38
- 2.10 本章小结 … 39
- 习题2 … 40

第3章 产品质保数据 41
- 3.1 质保数据的收集和分析 41
- 3.2 索赔数据 44
- 3.3 补充数据 48
- 3.4 广义补充数据 53
- 3.5 质保数据处理过程中的问题 56
- 3.6 质保数据分析的意义 59
- 3.7 本章小结 60
- 习题 3 60

第4章 质保数据分析的可靠性理论基础 61
- 4.1 产品、产品质量及可靠性 62
- 4.2 质保数据分析的概率统计基础 67
- 4.3 可靠性理论的基本介绍 78
- 4.4 产品的可靠性要求 86
- 4.5 参数估计与非参数估计 87
- 4.6 常用的可靠性退化模型 108
- 4.7 本章小结 115
- 习题 4 115

第5章 产品可靠性分析方法 117
- 5.1 可靠性建模、分配和预计 118
- 5.2 故障模式、影响及危害性分析 132
- 5.3 故障树分析 140
- 5.4 可靠性设计准则 152
- 5.5 本章小结 156
- 习题 5 156

第6章 基于质保数据的产品质保成本建模 158
- 6.1 影响质保成本的主要因素 158
- 6.2 随机计数过程 159
- 6.3 一维质保成本建模 169
- 6.4 本章小结 186
- 习题 6 187

参考文献 188

第 1 章 概述

本章学习目标

- 了解和掌握产品的相关概念及类别区分
- 掌握故障分类及其基本特征
- 熟练掌握可靠性要素及必要性
- 了解产品质保及其作用

本章先介绍产品及产品故障的概念,再介绍如何理解产品可靠性及其与产品质量的关系,最后介绍产品的质保及其作用。

1.1 产品及产品故障的定义

1.1.1 产品的相关概念

1. 产品

产品指作为商品提供给市场,再被人们购买和使用,并能满足人们某种需求的任何东西,包括有形的物品、无形的服务、组织、观念或它们的组合。为了便于理解,对产品定义的说明如下。

(1) 产品是一个广义的概念,包括硬件、软件、流程性材料和服务四大类型,各类产品的区别如表 1.1 所示。

表 1.1　各类产品的区别

产品类型	各类产品的区别
硬件产品	由制作的零件和部件组成或由其组装成的产品,如发动机等机械零件
软件产品	软件指由承载媒体上的信息组成的智力产品。软件能以概念、记录或程序的形式存在,如计算机程序
流程性材料	由固体、液体、气体或其他组合体所构成的有形产品,其状态包括粒状、块状、丝状或薄板状。流程性材料常用容器进行包装,如润滑油等
服务	无形产品,在供应商和顾客接口处所完成的至少一项活动的结果。服务产品包括在顾客提供的有形产品(如维修的汽车)或无形产品(退税所需的收入声明)上所完成的活动、无形产品的交付(如知识的传授)、为顾客创造氛围(如在宾馆和饭店)等

(2) 产品可以是有形产品,如轴承、钢材、水泥、汽油等装配型产品或流程性材料;也可以是无形产品,如计算机程序、数据库、电子书和某项服务等。通常,硬件和流程性材料是有形产品,而软件或服务是无形产品。

(3) 产品包括有意识的产品(向顾客提供的)和无意识的产品(副作用或污染)。

(4) 多数产品含有不同的产品类型成分。一种产品是硬件、流程性材料、软件还是服务,取决于其主导成分。

多数情况下,产品是一个宽泛的概念,但在对于产品的细分研究中,又可从不同的角度将产品划分为以下五个层次,即核心产品、形式产品、期望产品、延伸产品和潜在产品。核心产品指向顾客提供的产品的基本效用或利益。从根本上说,每一种产品实质上都是为解决问题而提供的服务。形式产品指核心产品借以实现的形式,由五个特征构成,即品质、式样、特征、商标及包装。核心产品必须通过形式产品才能实现。期望产品指购买者在购买产品时期望得到的与产品密切相关的一整套属性和条件。例如,旅馆的客人期望得到清洁的床位、洗浴香波、浴巾、无线网络等服务。延伸产品指顾客购买形式产品和期望产品时附带获得的各种利益的总和,包括产品说明书、保证、安装、维修、送货、技术培训等。国内外很多企业的成功,在一定程度上应归功于它们更好地认识到服务在产品整体概念中所占的重要地位。潜在产品指现有产品包括所有附加产品在内的、可能发展成为未来最终产品的潜在状态的产品,它指出了现有产品可能的演变趋势和前景。产品整体概念的五个层次十分清晰地体现了以顾客为中心的现代营销理念。这一概念的内涵和外延都以消费者或用户的需求为标准。

2．产品质量

产品是质量管理主要关注的对象，产品质量指产品的一组固有特性满足用户需求的程度。

1）质量的定义

随着社会经济和科学技术的发展，质量的含义在不断充实、完善和深化。同时，人们对质量概念的认识也经历了一个不断发展和深化的历史过程。下面列举一些有代表性的定义。

（1）朱兰对质量的定义。美国著名的质量管理专家朱兰（Juran）博士从顾客的角度出发，提出了产品质量就是产品的适用性，即产品在使用时能成功地满足用户需要的程度。用户对产品的基本要求就是适用，适用性恰如其分地表达了质量的内涵。

这一定义有两方面的含义，即使用要求和满足程度。人们使用产品，总会对产品质量提出一定的要求，而这些要求往往受到使用时间、使用地点、使用对象、社会环境和市场竞争等因素的影响，这些因素变化会使人们对同一产品提出不同的质量要求。因此，质量不是一个固定不变的概念，它是动态的、变化和发展的，它随着时间、地点、使用对象的差异而不同，随着社会的发展、技术的进步而不断更新和丰富。

用户对产品的使用要求的满意程度，反映在对产品的性能、经济特性、服务特性、环境特性和心理特性等方面。因此，质量是一个综合的概念。它并不要求技术特性越高越好，而是追求诸如性能、成本、数量、交货期、服务等因素的最佳组合，即所谓的最适当。

（2）国际标准化组织对质量的定义。根据国际标准化组织制定的国际标准 ISO8402：1994《质量管理和质量保证——术语》，产品质量是指产品"反映实体满足明确和隐含需要的能力和特性的总和"。

从定义可以看出，质量就其本质来说是一种客观事物具有某种能力的属性。由于客观事物具备了某种能力，才可能满足人们的需要。需要由两个层次构成：第一层次是产品或服务必须满足规定或潜在的需要。这种"需要"可以是技术规范中规定的要求，也可以是在技术规范中未注明但用户在使用过程中实际存在的需要。它是动态的、变化的、发展的和相对的，"需要"会随时间、地点、使用对象和社会环境的变化而变化。因此,这里的"需要"实质上就是产品或服务的"适用性"。第二层次是在第一层次的前提下,即质量是产品特征和特性的总和。需要应加以表征,必须转化成有指标的特征和特性,这些特征和特性通常是可以衡量的。全部符合特征和特性要求的产品,就是满足用户需要的产品。因此,"质量"定义的第二个层次实质上就是产品的符合性。另外,质量的定义中所说的"实体"是指可单独描述和研究的事物,它可以是活动、过程、产品、组织、体系、人以及它们的组合。

通过以上分析,就企业外部而言,企业只有生产出可供用户使用的产品,才可能占领市场。而就企业内部来讲,企业又必须要生产符合质量特征和特性指标的产品。所以,企业除了要研究质量的"适用性"之外,还要研究"符合性"质量。

2) 过程质量

产品是过程的结果。因此,提高产品质量需从提高过程质量入手。ISO 9000:2000《质量管理体系——基础和术语》中对过程的定义是"一组将输入转化为输出的相互关联或相互作用的活动。"根据质量的定义,过程质量可理解为过程的一组固有特性满足要求的程度。从质量形成的全过程来考虑,过程质量包括规划过程质量、设计过程质量、制造过程质量、使用过程质量、报废处理过程质量和服务过程质量等。

(1) 规划过程质量。规划过程质量指从产品的市场调研、产品构思到完成产品设计为止的过程质量。该过程是形成产品固有质量的先行性和决定性因素,它要求所规划的产品能满足市场的需求(最好能给用户带来意外的惊喜),且最终要通过设计指导书和投产指导文件来体现。

(2) 设计过程质量。设计过程质量指产品设计阶段所体现的质量,也就是设计方案符合设计指导书要求的程度,它最终通过设计图样和技术文件来体现。设计过程包括产品设计过程和工艺设计过程。

(3) 制造过程质量。制造过程质量指按设计要求,通过生产工序制造而实际达到的实物质量,它是设计质量的具体体现,是制造过程中操作工人、技术装备、原材料、工艺方法、检测仪器和环境条件等因素共同作用的综合产物。这一阶段的过程质量一方面取决于规划、设计过程质量,另一方面又取决于制造过程中一系列工序的质量。

(4) 使用过程质量。使用过程质量指产品在实际使用过程中所表现出来的质量,它是产品质量的最终体现。使用质量取决于使用环境与使用条件的合理性、使用规范的符合程度、使用者操作水平及日常保养的有效性。

(5) 报废处理过程质量。报废处理过程质量指产品在报废后的处理过程中所体现的质量,指便于回收、重用或无害化处理的程度,它是产品设计质量的体现之一。

(6) 服务过程质量。服务过程质量指产品到达用户手中之前和使用过程中,产品提供者对用户服务要求的满足程度。提高服务过程质量是使产品固有质量得到有效发挥的重要环节,也是供应商提高顾客满意度、收集信息的重要手段。服务过程质量依赖于提供技术服务的方式、手段以及技术服务人员的服务技能和态度等。

1.1.2 产品故障

1. 相关定义

首先需要明确"故障"与"失效"的概念。故障表示产品不能完成规定功能的状态,通常指功能故障。但因预防性维修、其他计划性维修活动或缺乏外部资源造成不能执行规定功能的情况除外。失效指产品完全丧失规定的功能。在实际应用中,特别是对硬件产品而言,故障与失效概念的界定并没有特别明显的差异。一般而言,针对不可修复产品,常用失效来表示,如弹药、电子元器件等;而对于可修复产品,则一般用故障来表示无法完成规定功能的状态,例如汽车、飞机、家电等。在我国的可靠性工程应用中,一般不对故障和失效加以严格的区别。

此外,需要区分缺陷、故障模式、故障机理等基本概念。缺陷指产品的质量特性无法满足预期的使用要求,随时间或工作过程可能发展成各类故障;故障模式指故障表现的形式;故障机理指引起故障的物理、化学变化等内在原因。

2. 故障的分类

故障的种类有很多,不同的分类标准就是要从不同的视角和方面来揭示故障发生的规律,以便为故障的预防、发现、分析、纠正、评估和控制提供一定的基础。

按故障的持续时间,可将故障分为永久故障、瞬时故障和间歇故障。永久故障由元器件的不可逆变化所引发,会永久地改变元器件的原有逻辑,直到采取措施消除故障为止;瞬时故障的持续时间不超过一个指定的上限,且只引起元器件当前参数值的变化,而不会导致不可逆的变化;间歇故障是可重复出现的故障,主要由元件参数的变化、不正确的设计和工艺方面的原因所引发。

按故障的发生和发展过程,可将故障分为突发性故障和渐发性故障。突发性故障出现前无明显的征兆,很难通过早期试验或测试来预测;而渐发性故障是由于元器件老化等其他原因,导致设备性能逐渐下降并最终超出规定值而引发的故障,因此具有一定的规律性,且可进行状态监测和故障预防。

按故障的严重程度,可将故障分为破坏性故障和非破坏性故障。破坏性故障既是突发性的又是永久性的,故障发生后往往危及设备和人身的安全;而非破坏性的故障一般是渐发性的,又是局部性的,故障发生后暂时不会危及设备和人身的安全。

按故障的统计特性,可将故障分为独立故障和从属故障。不是由另一产品故障所引起的故障称为独立故障,反之称为从属故障。在进行产品的故障次数统计时,只统计产品本身的独立故障数。由两个或两个以上的独立故障所组成的故障组合称为多重故障,它可能会造成其中任一独立故障所无法引起的后果。

按故障的相关性,可将故障分为关联故障和非关联故障。与产品本身有关联,预期在规定的使用条件下可能发生的任何故障叫关联故障,在解释试验结果或计算可靠性时必须计入;与产品本身无关,预期在使用条件下不可能发生的任何故障叫非关联故障,在解释试验结果或计算可靠性时不应计入。

按责任的相关性,可将故障分为责任故障与非责任故障。责任故障指按照合同规定,是该产品研制或生产机构责任范围内发生的关联故障;非责任故障指按合同规定,不是该产品研制或生产机构责任范围内发生的关联故障或非关联故障。

3. 故障的基本特征

产品的故障多种多样,有的机理和特征较为明显,可用某种特定的方法直接检测。但在大多数情况下,故障情况较为复杂。由于故障和征兆之间不存在简单的一一对应关系,因此故障诊断以及修复较为复杂。一般来说,产品故障具有如下特性。

(1) 层次性。复杂的产品可划分为系统、子系统、部件、元件,表现出一定的层次性。与之相关联,产品的故障也具有层次性的特征,即产品的故障可能出现在系统、子系统、部件、元件等不同的层次上。

（2）传播性。元件的故障会导致部件的故障,部件的故障会引起系统的故障,故障会沿着部件到子系统再到系统的路径进行传播。

（3）放射性。某一部件的故障可能会引起与之相关联的部件发生故障。例如,转子某轴系、某轴承的故障有时会导致其他轴承的振动增大,而该轴承本身的振动变化反而不明显。

（4）延时性。设备故障的发生、发展和传播有一定的时间过程,称为设备故障的延时性。这种延时性特征为故障前期的预测和预报提供了条件,根据故障的传播时间可判断故障的性质和位置,根据故障由量变到质变的发展过程可进行状态监控和早期诊断。

（5）不确定性。设备故障的发生具有随机性与模糊性,加上某些信息的不确定性,导致了故障发生的不确定性。

4. 影响故障发生的主要因素

故障的产生受到多种因素的影响,如设计、加工制造、装配、安装与调试、使用与操作等。而在这众多因素中,往往是某一种或几种因素共同起着重要作用。

（1）设计规划。在产品设计规划中,对产品未来的工作条件应有准确估计,对可能出现的变异应有充分的考虑。设计方案不完善、设计图样和技术文件的审查不严是导致故障的重要原因。

（2）材料选择。在设计、制造和维修过程中,都要根据零件工作的性质和特点正确选择材料。材料选用不当、材料性质不符合标准规定或选用了不适当的代用品是产生磨损、腐蚀、过度变形、疲劳、破裂、老化等现象的主要原因。此外,在制造和维修过程中,很多材料要经过铸、锻、焊和热处理等热加工工序;在工艺过程中,材料的金相组织、力学物理性能等要经常发生变化,其中加热和冷却的影响尤为重要。

（3）制造质量。制造工艺的每道工序中都存在一定的误差。工艺条件和材质的离散性必然使零件在铸、锻、焊、热处理和切削加工过程中造成应力集中、局部和微观的组织缺陷、微观裂纹。这些缺陷往往在工序检验中易被忽略。零件制造质量不能满足要求是机械设备等产品寿命不长的重要原因。

（4）装配质量。首先要有正确的配合要求。配合的极限值包括装配后经过磨合的初始间隙。初始间隙过大,有效寿命期就会缩短。装配中各零部件之间的相互位置精度也很重要，若达不到要求，会引起附加应力、偏磨损等负面后果。

（5）维修质量。根据工艺合理、经济合算和生产可能的原则，对产品或设备合理地进行维修，从而保证维修质量。这里最重要、最关键的是要合理选择和运用修复工艺、注意修复前做好准备、维修过程中按规程执行操作以及修复后做好处理工作等。

（6）使用因素。在正常使用条件下，机械设备有其自身的故障规律。但使用条件一改变，故障规律也随之变化。使用因素主要有以下三种。

① 工作载荷。对于很多耐用产品，如机械设备，发生耗损故障的主要原因是零件的磨损和疲劳破坏。在规定的使用条件下，零件的磨损在单位时间内与载荷的大小成正向关系。而零件的疲劳损坏只是在一定的交变载荷下发生，并随其增大而加剧。因此，磨损和疲劳都是载荷的函数。当载荷超过设计的额定值后，将引起剧烈的破坏，这是不允许的。

② 工作环境。工作环境包括气候、腐蚀介质和其他有害介质的影响以及工作对象的状况等。温度升高，会导致磨损和腐蚀加剧；过高的湿度和空气中的腐蚀介质的存在，会造成腐蚀和磨损；空气中含尘量过多、工作条件恶劣都会影响故障的发生。环境是客观因素之一，在某些情况下可人为地采取措施加以改善。

③ 保养和操作。建立合理的维护保养制度，严格执行技术保养和使用操作规程，是保持产品可靠度和提高使用寿命的重要条件。此外，需要对人员进行培训，以提高保养效率和质量。

1.2 可靠性

1.2.1 可靠性的发展历程

可靠性指元件、产品、系统在一定时间内和一定条件下无故障地执行指定功能的能力或可能性。可靠性的概念有狭义和广义之分。狭义的可靠性指产品在使用期间没有发生故障的性质，而广义的可靠性指使用者对产品的满意程度或对企业的信赖程度。为了对产品可靠性做出具体和定量的判断，可将产品可靠性定义为在规定的条件下和规定的时间内，元器件（产品）、设备或者系统稳定完成功能的程度或性质。

产品可靠性之所以引起广泛关注与重视，其主要原因如下：首先，产品的

第1章 概述

复杂程度不断提高,且其在生产和使用过程中越来越重要,一旦发生故障,将造成巨大损失,甚至会引发安全问题。其次,由于用户、消费者对产品的功能要求不断提高,产品承受的应力水平、温度条件、振动条件以及环境条件等越来越严苛。另外,提高可靠性水平可降低产品在使用阶段的维修费用。最后,现阶段已形成良好的市场竞争机制,市场不仅要求产品具有较高的可靠性水平,而且要求其价格更具吸引力。

20世纪50年代初,可靠性工程在美国兴起。当时美国军用电子设备由于失效率很高而面临着十分严重的局面:1949年,美国海军电子设备有70%失效,1个正在使用的电子管要有9个新的电子管作为临时替换的备件;1951—1952年,24%的无线电设备存在故障,而高达84%的雷达设备存在故障;美国空军每年的设备维修费为设备购置费的两倍,需有三分之一的地勤人员负责维修电子设备。为扭转被动局面,美国国防部下令成立由军方、工业部门和学术界组成的电子设备可靠性咨询组。该组织于1955年开始制订和实施从设计、试验、生产、交付、储存和使用的全面的可靠性计划,并在1957年发表了《军用电子设备可靠性》的研究报告,从九方面全面阐述了可靠性的设计、试验、管理的程序和方法,成为可靠性发展的奠基性文件。

20世纪60年代是世界经济发展较快的年代。可靠性工程以美国为先行,带动其他工业国家,得到了全面、迅速的发展。此外,机械可靠性和维修性的研究、人的可靠性和安全性的研究也相继展开,还建立了更有效的数据系统,开设了可靠性教育课程。日本在1956年从美国引进了可靠性技术和经济管理技术,并于1960年成立了质量委员会,20世纪60年代中期成立了电子元件可靠性中心。日本将美国在航空、航天及军事工业中的可靠性研究成果应用到民用工业,特别是民用电子工业,使其民用电子产品质量大幅提高,产品在世界各国广为销售,赢得了良好的质量信誉。不到十年,它的年工业产值增长速度就达到了15%。

我国于1976年颁发了第一个可靠性的标准SJ 1044—1976《可靠性名词术语》,这就是国家标准GB 3187—1982《可靠性基本名词术语及定义》的前身。1978年,我国提出并实施了《电子产品可靠性"七专"质量控制与反馈科学实验》计划。1978年开始,原国家计委、电子工业部及广播电视工业总局陆续召开了提高电视机质量工作的相关会议,对电视机等产品明确提出了可靠性、安全性要求和可靠性指标,组织全国整机及元器件生产厂开展了大规模的、以可靠性为重心的全面质量管理。在5年时间内,电视机的平均故障间隔时间提高了一个数量级,由300小时提高到了3000小时,配套元器件使用可靠性也提高了一到两个数量级。对国家重点工程和电视机可靠性的重视,推动了整机和电子元器件的可靠性工作。1994年,国家质量技术监督局又印发了《关于加强产品可靠性工作的若干意见》的通知,强调了加强产品可靠性工作的重要意义,指出要重视技术的先进性和产品的可靠性,要把技术的先进性与产品的可靠性有机地结合起来,要将产品可靠性与产品性能同等对待,并纳入产品质量指标进行考核。1996年,国务院发布的《质量振兴纲要》(1996—2010年)作为质量振兴的主要目标也提出了产品可靠性指标的要求。这两个文件的出台对提升"中国制造"产品的质量与可靠性明确了方向。在2017年9月发布的《中共中央 国务院关于开展质量提升行动的指导意见》中,明确指出了"提高供给质量是供给侧结构性改革的主攻方向,全面提高产品和服务质量是提升供给体系的中心任务";而在党的十九大报告中部署"贯彻新发展理念,建设现代化经济体系"时,也再次提及"质量第一"和"质量强国"的理念。无论从国家层面、企业层面还是消费者层面,不断提高产品的质量和可靠性,都是实现"供给侧"改革、推动我国实现从"中国制造向中国创造""中国速度向中国质量""中国产品向中国品牌"转变的重要途径,同时也是实现产业升级的重要保障。

1.2.2 可靠性的基本概念

1. 可靠性的定义

根据 GB/T 3187—1994 的定义,可靠性指产品在规定的条件和规定的时间内,完成规定功能的能力。可见,产品可靠性的定义要素是可靠性对象、规定条件、规定时间和规定功能。

(1)可靠性对象。可靠性研究的对象可包含任何系统、设备和元器件。在具体使用"产品"这一名词时,对其确切含义应加以说明,例如,汽车发动机、汽车整车、轴承等。

(2)规定条件。规定条件指使用条件、维护条件、环境条件和人的因素等。这些条件都会对产品的可靠性造成影响。在不同的条件下,同一产品的可靠性也不尽相同。例如同一型号的汽车在高速公路和在崎岖的山路上行驶时,其可靠性的表现就不大一样。要谈论产品的可靠性,必须指明规定的条件是什么。

(3) 规定时间。规定时间指要求产品保持正常运行的使用时间、贮藏时间以及与时间相当的动作次数或运行里程等。离开时间,就失去了可靠性意义,而规定时间的长短则随着产品对象和使用目的的不同而不同。随着产品使用时间的增加,产品发生失效的概率将增加,而产品的可靠性将呈下降态势。因此,在研究产品可靠性时应明确规定使用时间。例如,一辆汽车在使用之初和使用5年后相比,它发生失效的概率显然较小。

(4) 规定功能。规定功能指产品规定了的、必须具备的功能及其技术指标。所要求产品功能的多少和其技术指标的高低,直接影响到产品可靠性指标的高低。以电风扇为例,它的主要功能包括转叶、摇头和定时。那么规定的功能是三者都能正常运转,还是仅需要转叶能转动吹风,所得出的可靠性指标是大不一样的。

2. 可靠性的要素

可靠性的三要素包括耐久性、可维修性和设计可靠性。

(1) 耐久性。产品使用无故障性或使用寿命长就是耐久性。例如,当空间探测卫星发射后,人们希望它能无故障地长时间工作,否则,它的存在就没有太多的意义。但从某一个角度来说,任何产品都不可能100%地不发生故障。

(2) 可维修性。当产品发生故障后,能够很快很容易地通过维护或维修来排除故障,就是可维修性。像自行车、电脑等都是容易维修的,而且维修成本也不高,且能够排除故障,这些都是事后维护或者维修;而像飞机、汽车都是单价高而且用户对其安全可靠性的要求也较高,这一般通过日常的维护和保养来较大程度上延长它们的使用寿命,这是预防性维修。产品的可维修性与产品的结构有很大的关系,即与设计可靠性有关。

(3) 设计可靠性。设计可靠性是决定产品质量的关键。由于人-机系统的复杂性、人在操作中可能存在的差错及操作使用环境等相关因素的影响,发生错误的可能性依然存在,所以设计的时候必须充分考虑产品的易使用性和易操作性,这就是设计可靠性。一般来说,产品越容易操作,发生人为失误或其他问题造成的故障和安全问题的可能性就越小。从另一个角度来说,如果发生了故障或安全性问题,采取必要的事后措施和预防措施就显得非常重要,例如汽车发生碰撞后弹出的气囊保护。

3. 可靠性的分类

根据产品使用环境和条件的不同,可靠性可以分为固有可靠性和使用可靠性。固有可靠性(inherent reliability)指在设计和制造阶段所确定的产品可靠性,代表在理想的使用环境和保障条件下的可靠性水平;使用可靠性(operational reliability)指产品在实际使用过程中受外界真实环境、使用方式等多种不确定因素单独或共同作用下所表现出来的可靠性水平,它是产品设计、加工、制造、运输、销售、使用、售后服务等综合影响下的产品可靠性表现。需要指出的是,产品的固有可靠性水平肯定比使用可靠性水平要高。

根据不同的分类标准,产品可靠性还可分为基本可靠性(basic reliability)和任务可靠性(task reliability)。基本可靠性是指产品在规定条件下和规定时间内无故障工作的能力,它反映了产品对于维修资源的要求。因此在评定产品的基本可靠性时,应统计产品的所有寿命单位和所有关联故障,而不局限于是否发生在任务期间内的故障,也不局限于是否危及任务成功的故障。任务可靠性是产品在规定的任务剖面内完成规定功能的能力。评定产品的任务可靠性时,仅考虑在任务期间发生的、影响任务完成的概率,因此要首先明确任务故障的判断依据。若想要提高产品的任务可靠性,可采用冗余或替代工作等方式,然而这将在一定程度上增加产品的复杂度,从而降低产品的基本可靠性,在实际使用中要在两者之间进行权衡。需要指出的是,同一产品的任务可靠性水平肯定比基本可靠性水平要高。

1.2.3 可靠性的必要性

1. 科学技术的发展需要可靠性

随着科学技术的发展,产品结构与系统构成变得越来越庞大和复杂,零部件的数量明显增多,同时在产品寿命周期中大量采用尚不成熟的新材料和新工艺,使产品发生故障的机会也同时增多,因而需要采用可靠性设计和管理技术来减少产品的故障率。如 1986 年美国"挑战者"号航天飞机就是因为火箭助推器内橡胶密封圈因温度低而失效,导致航天飞机爆炸和七名宇航员遇难及重大经济损失。由此可见,只有高可靠性产品才能满足现代技术和生产的需要。

2. 社会和用户对产品的可靠性要求日益提高

随着产品工作效率的提高,因事故或故障引发的损失也随之增大。反之,如果产品的可靠性提高了,就会减少由此而引起的经济损失,从而提高企业经济效益。1961年,美国国防部预算中至少有25%用于维修活动。苏联曾有资料统计,在产品寿命期内下列产品的维修费用与购置费用之比为:飞机为5倍,汽车为6倍,机床为8倍,军事装置为10倍;此外,核发电机组、化工行业、大坝等涉及安全性和环境污染的领域,对产品可靠性的要求更为严格。这些产品一旦发生事故,会对社会、人类和环境造成灾难性的后果。

3. 安全性的需要

在因产品缺陷或故障对用户造成损失时,企业除了要付出巨额赔偿金外,有时还要承担法律责任。由此可能会给企业的市场信誉带来毁灭性的打击。因此,企业必须提高产品的可靠性和安全性。预防产品故障的思路是:要防止产品在使用中发生故障;故障发生后要使其损失减少到最低程度。

4. 产品竞争的需要

只有产品可靠性提高了,才能提高产品的信誉,增强产品的市场竞争力。有专家学者预言,今后能在竞争中取胜的只有那些能掌握自己产品可靠性的企业。日本的汽车曾一度因可靠性差在美国造成大量退货,几乎失去了美国市场。后来日本总结了经验,提高了汽车可靠性水平,从而大幅增强了日本汽车在全球市场上的竞争力。任何产品要想打入国际市场,就必须提高可靠性。我国国防工业、电子工业、核工业、电力工业、机械工业等也制定了规划,要求提高产品可靠性,国家技术监督局也于1995年发文要求开展机电产品的可靠性认证工作。

1.3 产品可靠性与质量的关系

1. 特性方面

质量概念是随着历史发展而产生和进化的。近半个世纪以来,人们对质量概念的认识大体上经历了三个阶段,即符合性质量、适用性质量和全面质量阶段。在政治经济学中,有经济基础决定上层建筑的概念。转移到对质量概念的界定中,在以高效率、大批量生产和产品同质化的社会生产背景下,人们常将质量定义为产品的某种特性。

20世纪后期,随着世界经济的发展和人民生活水平的提高,市场环境不断变化,消费者需求日趋主体化、个性化和多样化,传统的大批量、单一化生产制造模式对新需求态势表现出越来越明显的非兼容性。随之,先进制造模式在对大批量生产制造模式的质疑和扬弃中应运而生。同时,人们也渐渐产生了对传统质量概念和要求的质疑,意识到质量不仅要符合耐用性标准,而且还要包含可靠性、安全性、维修性等质量特征。简单来说,对可靠性、维修性特征的要求是质量特征在时间维度上的延伸。

产品本身就有的固有特性包含普遍认同的顾客十分关心的产品性能、功能特性。例如安装金属材质保险杠的汽车比安装塑料材质保险杠的汽车质量好。但是,产品的固有特性还包括可靠性、维修性、测试性、保障性和安全性。此外,还包含顾客也十分关心的环境适应性、经济性和美观性等。从这层意义上讲,可靠性、维修性等特性都是产品质量特性中的一部分,如图 1.1 所示。

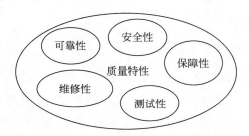

图 1.1 可靠性与质量特性之间的关系

2. 工作范围方面

在一般的工程实践中,质量工作主要涉及四方面。

(1) 质量策划。质量策划包括制定质量目标、制定和修订质量法规、编制质量保证大纲等。

(2) 质量控制。质量控制如记录、控制、产品实现、过程和产品监视与测量等。

(3) 质量保证。质量保证包括质量管理体系的建设、质量监督与审查体系建设等。

(4) 质量改进。质量改进如管理评审、质量审核、数据分析等。

而可靠性工作主要分为六方面。

(1) 可靠性工作策划。可靠性工作策划指制定可靠性的工作目标、确定可靠性及其工作项目要求、制定可靠性计划和可靠性工作计划。

(2) 可靠性保证。可靠性保证包括编制可靠性保证大纲,建立可靠性设计和管理队伍,建立故障报告、分析和纠错系统等内容。

(3) 可靠性设计与分析。可靠性设计与分析指分析可靠性需求,确定寿命和任务剖面,建立可靠性模型,进行可靠性分配、可靠性预计、故障树分析、潜在分析、有限元分析等。

(4) 可靠性控制。可靠性控制包括制定可靠性设计准则,关注元器件、零部件和原材料的选择与控制,确定可靠性关键产品,确定功能测试、包装、贮存、装卸、运输和维修产品可靠性的影响等。

(5) 可靠性试验。可靠性试验是为了解、分析、提高、评价产品的可靠性而进行的工作程序,通常包括环境应力筛选试验、可靠性研制试验、可靠性增长试验、可靠性鉴定试验、可靠性验收试验、寿命试验等。

(6) 可靠性评估与改进。可靠性评估与改进指利用收集和经预处理的可靠性数据,对产品的可靠性进行评估和改进等。

根据对质量工作和可靠性工作的范围分析,发现质量和可靠性保证的过程都符合 PDCA 循环,即策划(plan)、实施(do)、检查(check)、调整(act)。

3. 问题属性方面

从质量的内涵可知,质量问题即产品某些特性不满足测试或顾客的使用要求,一般由设计、制造、人、机、料、法、环、测和管理等综合因素所导致。可靠性问题指在规定时间和规定条件下不能实现既定的功能,问题产生的原因是故障或失效。

产品具有的能力多指产品固有的物理特性和功能特性。可靠性所研究的产品能力是完成任务、实现功能的能力,这是产品的共性能力,比其他能力更为明确和普遍。

可靠性、质量的共同特点是二者研究问题的对象是产品所具有的共性。每种产品都要求满足固有特性,同时也不能丧失规定的功能。

质量问题指产品某些固有特性不能满足要求,可靠性问题指产品是否失效。可靠性本身是产品的固有特性,产品在规定的时间和条件下能够实现既定功能,即为满足要求;满足要求则说明该产品具备所需的能力,即产品质量合格,此时不存在可靠性方面的质量问题。当产品的可靠性不能满足要求时,可靠性问题则被视为质量问题。

质量问题和可靠性问题之间,存在着一定程度上的交叉关系,如图 1.2 所示。

图 1.2　质量问题与可靠性问题之间的关系

从时间段上看,可靠性问题与质量问题常常出现在不同的阶段。研制生产中的产品如果存在问题(生产、制造、试验过程中不满足要求),则多为质量问题;但如果产品可靠性设计不合理,产品交付验收时(如进行鉴定试验)就可能发生故障,不满足设计要求。由此可知,质量问题与可靠性问题二者相互影响。

提高产品可靠性的有效手段之一是采用高质量等级的元器件,即运用质量控制、质量保证的方法来提高可靠性。反之,很多试验为确保成功而采用加强筛选的措施,即采用可靠性的方法保证质量。很显然,可靠性与质量是相互补充的。

总之,质量是一个含义广泛的概念,可靠性、维修性等质量特性的若干重要特性是质量特性中性能和功能得以发挥的基础和前提。若产品不可靠,再好的性能也无法发挥。

1.4　产品保证的定义及作用

1.4.1　产品保证的概念

产品保证(简称质保)研究已有很长的历史,但是它的概念一直处于不断的变化当中。在人类早期文明时期,牲畜、奴隶、手工产品、建筑等的生产者或所有者均需承担保证责任。古巴比伦立法中就明确规定,若奴隶主出售的奴隶有缺陷,买方可将奴隶退回,且卖方需将款项退回给买方。古印度立法中也提出无论哪方对销售的产品感到后悔,都可在一定时间范围内将物品取回。若超过规定时间,将会被国王处以罚金,如奶牛为 3 天,种子为 10 天等。由于难以对物品进行深入的检查且交易大都局限在特定区域范围内,所以早期的质保政策都较为单一,直到 16 世纪才明确了质保是"用来保护消费者免受缺陷产品的侵害"。

在质保研究发展的初期,只有当消费者因产品缺陷受到了人身和财产伤害时,消费者胜诉的可能性才比较高。但是到了20世纪,保护消费者权益的运动脚步加快了。1955年,亨宁森(Henningsen)夫妇起诉布龙菲尔德汽车(Bloomfield Motors)公司胜诉。法院总结报告指出:"该保证下的责任仅限于补偿其中的一个或几个部件"条款对一个普通的正常人来说意味着,他丧失了对可能因使用有缺陷的汽车导致的任何人身伤害提出赔偿请求的权利。此案的判决结果意义深远,在此之后,消费者维权案例胜诉率大幅提高。各大制造商逐渐意识到完善的产品保证对企业正常运营的重要性。

1975年,美国颁布了针对商品质量的《马格努森-莫斯保证法》(*Magnuson-Moss Warranty Act*),该法律明确了生产经营者的保证责任,要求生产经营者对缺陷产品负有修复或更换的责任。这一法律与《统一产品责任示范法》(1979年)、《产品责任法》(1982年)等一起成为美国监管者保护消费者权益的法律基石。

回顾产品责任在我国的发展历程,1987年通过的《中华人民共和国民法通则》及其司法解释首次将产品责任引入中国,明确消费者可以向生产商或销售商要求赔偿缺陷产品导致的损失。1993年,我国开始实施《中华人民共和国产品质量法》,目的在于加强对产品质量的监督管理,提高产品质量水平,明确产品质量责任,保护消费者的合法权益,维护社会经济秩序。同年,第八届全国人大常委会第4次会议通过了《中华人民共和国消费者权益保护法》,这是我国首次以立法形式确认消费者的权利,对保护消费者的权益,规范经营者的行为,维护社会经济秩序,促进社会主义市场经济健康发展具有十分重要的意义。2013年,国家质检总局根据《中华人民共和国产品质量法》颁布了《家用汽车产品修理、更换、退货责任规定》,明确了销售者、修理者、生产者承担的部分商品更换、修理、退货的责任和义务。相关法律、法规的陆续实施对提高产品质量和可靠性起到了积极推动的作用。

产品保证指制造商或销售商同消费者订立的在质保范围内关于产品质量、可靠性和售后服务等方面的协议,规定了产品供应链各方的责任和义务,其目的是为消费者提供在质保范围内和正常使用条件下能够实现预定功能的担保。质保期和相应的质保条款统称为质保政策(warranty policy)。在质保期内,如果在产品正常使用条件下发生了失效,消费者则可以提出索赔,并由制造商按照之前设定的质保政策进行维修或者更换。在质保期内的产品失效引起的索赔称为质保索赔(warranty claims),由质保索赔产生的成本称为质保成本(warranty cost)。

1.4.2 产品保证的作用

现阶段的质保是由产品、服务、互联网构成的有机整体。随着信息生产、处理手段的飞速发展,整个社会正在从工业型经济蜕变成服务型经济,这也引发了营销重点由产品导向向服务导向的转变。质保服务作为售后服务的重要组成部分,是制造商对消费者的服务承诺或担保,在商业交易的过程中扮演着日益重要的角色。从制造商和消费者两个角度来分析,质保的作用主要包括以下几个方面。

1. 保障消费者和制造商的合法权益

当消费者购买的产品在正常使用条件下发生故障而无法正常工作时,消费者可以提出索赔,制造商或销售商需要根据之前设定的质保服务承诺对产品进行维修或者更换,这体现了质保对消费者的保护功能。同时,质保也保护了制造商的合法权益,制造商不需要对消费者的错误操作而引发的产品故障负责,从而保障了制造商免于遭受消费者的过度投诉。总之,质保既保障了消费者免于遭受缺陷产品带来的财产损失,又保障了制造商免于遭受由于消费者的过度投诉和骗保行为带来的成本压力,体现了质保的双重保护作用。

2. 促进产品销售,提升企业利润

随着市场竞争日趋激烈,产品同质化程度越来越高,质保成为彰显产品差异的有效手段之一。完善的质保政策可以体现制造商对产品质量和提升市场占有率的信心。由于产品质量水平存在差异,完善的质保政策不再仅针对高质量产品,质量稍不如人意的产品同样可以通过提供良好的质保服务刺激消费,提升品牌形象。产品的销售利润正由于竞争的加剧而不断被压缩,质保服务已成为企业利润一个新的增长点。例如,越来越多的汽车制造商为消费者提供延保服务,消费者可根据自身的实际需要购买延保服务。延保服务既提高了品牌车辆的残值率和客户忠诚度,又提高了产品使用期间的客户返厂率。延保服务除了给业务链各个参与者带来收益外,也体现了产品销售服务价值链的整合,优化了商业价值。

3. 履行企业责任与可持续发展的需要

质保政策的设置和实施是企业履行社会责任和诠释企业精神的主要途

径之一,有助于经济社会的可持续发展。例如,为了消除消费者购买二手车的顾虑,销售商通常提供附带的质保服务,既减少了二手车过早退出市场造成的资源浪费,也起到让消费者省时、省心和省钱的作用。同时,完善的质保政策提高了企业面对突发事件的处理效率。产品从设计到推向市场,需经历生产、装配和销售等多重环节,缺陷产品流向市场时有发生。全面的质保政策对缺陷产品流向市场而引发的企业品牌资产减值具有一定的弥补作用。在发现问题后积极与消费者沟通、实施补救是企业负责、诚信的表现。表面上企业需要支付失效信息收集、测试、维修、评估和改造费用,但是在一定程度上避免了将来需要支付的巨额赔款、声誉损失和销量下降等更高昂的市场成本。

4. 推广新产品或新技术的手段

在新产品或新技术刚进入市场时,消费者往往对此类新产品或新技术的信任度较低。同时由于新产品或新技术缺乏足够的历史数据对其可靠性进行评估,很难通过观测数据来提高消费者对产品或技术的信任程度。在这种情况下,生产商往往会通过为新产品或新技术提供更加优越的质保政策进行产品或技术的推广。以纯电动汽车为例,虽然纯电驱动的汽车已经得到了市场的初步认可,但相比于成熟的燃油驱动技术,消费者对于纯电驱动的汽车电机的寿命和可靠性、充电便利程度等方面的问题仍存在很多的顾虑。为推广电动汽车及相关新能源技术,诸多纯电动汽车生产厂商提供了时限更长的质保服务。例如全球著名的新能源汽车品牌比亚迪公司为其燃油汽车提供的质保期是 4 年或 10 万千米。与此相对应的是,比亚迪公司为其纯电驱动的汽车提供的整车质保期为 6 年或 15 万千米,其中,电动系统主要部件(动力电机、驱动电机控制器、DC 总成和电池)的质保期为 8 年或 15 万千米,而电芯则能享受终身保修。显然,从消费者角度出发,电动汽车的质保政策要比燃油车的质保政策更具吸引力。电动汽车龙头品牌特斯拉同样也提供了具有吸引力的质保政策。特斯拉 Modes S 和 Model X 车型提供的质保政策为 4 年或 8 万千米,高压电池与驱动总成的质保政策为 8 年或 24 万千米,且质保期内保有最低 70% 的电池容量。由此可见,质保政策是厂商推广新技术、新产品和抢占市场的重要策略和途径之一。

1.4.3 可靠性与产品质保之间的关系

随着科技工业的不断进步与发展以及人民生活品质的不断提升,社会大众对于产品安全与可靠性的重视程度日益加深。而在消费者价值观的提升与竞争激烈的产业环境中,产品可靠性是买卖双方近年来越来越重视的话题。消费者心态的逐步转变,使其对产品的质量要求不断提高,消费者的权益也逐渐引起了制造商与消费者的高度重视。而产品本身所具备的高可靠性是产品迈向成功之路的必要条件。

从厂商角度来看,提供质保服务会增加额外的成本,也称质保成本。质保成本又受到产品可靠性、顾客使用环境、维修质量等因素的影响。厂商在制定质保政策时会受到相关法律、法规和竞争厂商提供的质保政策的影响。不同的顾客群体对产品的使用也不尽相同,这也超出了制造商的控制。所以,产品可靠性是影响索赔的重要因素,也属于制造商可控制的范畴,并且也对质保索赔和质保成本有很重要的影响。根据 Warranty Week 2014 年对部分企业质保成本占销售额比例的统计数据显示,通用汽车公司为 4.8%,纳威司达公司为 4.2%,戴尔公司为 4.0%,苹果公司为 3.7%,惠普公司为 3.2%,IBM 公司为 3.4%,福特公司为 2.5%。尽管我国目前还没有完整的质保成本统计数据,但从部分上市公司的财务报告中预计负债(主要用于质保服务)占销售额的比例可看出,汽车、家电等制造型企业的质保成本约占销售额的 2%~3%。质保成本与产品可靠性成反比关系,降低质保成本的重要途径就是提高产品可靠性。同时,提高可靠性也意味着更高的设计、研发投入。因此,制造商需要在可靠性设计研发费用和质保成本之间进行权衡。

1.5 本章小结

本章比较系统地介绍了与产品相关的一些基本概念,首先介绍了产品以及产品故障的一些相关定义,介绍了产品以及故障的分类和特征;接着从可靠性的定义、要素、分类和必要性等方面进行了详细的介绍。此外,从特性、工作的范围、问题及属性方面对产品可靠性与质量的关系进行了分析;最后对质保的定义及其作用做了简要的阐述。

习题 1

1. 可靠性的要素包括哪些?(　　)
　　A. 耐久性　　　　　　　　　　　　B. 耐用性
　　C. 可维修性　　　　　　　　　　　D. 设计可靠性
2. 产品故障具有哪些特性?(　　)

A. 层次性 B. 延时性
   C. 放射性 D. 传播性
   E. 不确定性

3. 计算机程序属于哪类产品？(　　)
   A. 硬件产品 B. 软件产品
   C. 服务产品 D. 流程性材料

4. 按照故障持续的时间可以将故障分为(　　)。
   A. 永久性故障 B. 突发性故障
   C. 瞬时故障 D. 间歇故障

5. 什么是产品？产品分为几个层次？请简述产品的各个层次。

6. 什么是质量？你认为应怎样理解质量的概念？

7. 产品的故障分类和基本特征有哪些？

8. 可靠性可以进行怎样的分类？

9. 如何理解质量问题和可靠性问题之间的关系？

10. 从制造商和消费者两个角度分析，质保的作用主要有哪些？

第 2 章 产品质保政策

本章学习目标

- 了解和掌握质保政策及其分类
- 了解一维质保、二维质保以及延长质保
- 熟练掌握质保服务流程
- 熟练掌握质保成本及其组成

本章首先向读者介绍了质保政策及其分类,接着分别介绍了一维质保、二维质保、延长质保以及可靠性增长质保政策,然后又介绍了质保服务流程,最后介绍了质保成本及其组成以及质保管理。

2.1 质保政策

质保政策指产品制造商制定的面向消费者的质保条款,其中包含有关质保期、质保涵盖范围、维修方式、费用分摊方式、免责条款等内容。质保政策随产品、销售地法律法规等的不同而存在很大的差异,例如复杂产品的质保期可以针对产品整体、子系统或零部件等分别确定;产品的部分核心零部件(如计算机的CPU、汽车的发动机)可以由其供应商单独制定质保期;产品发生失效后采用何种方式使产品恢复到工作状态,常见的如维修或更换;产品维修时使用的零部件的来源和等级;复杂产品如汽车的维护要求(如汽车定期保养)等。2.1.1 节和 2.1.2 节分别总结了我国家用汽车的质保政策要点和某品牌空调的质保政策。

1. 我国家用汽车质保政策要点

家用汽车质保政策较为复杂,主要包含以下内容。

按照我国家用汽车"三包"政策规定,我国大部分品牌汽车的质保政策是自销售之日起,为用户提供 3 年或 6 万千米的质保服务,以先到者为准。部分汽车生产商为提升销量,也会延长质保期,如 3 年或 10 万千米甚至更长。

不同零部件的质保政策往往不同。发动机、变速器中的主要零部件的质保期一般与整车相同,而易损耗零部件(如空气滤清器、机油滤清器和火花塞等)的质保期会稍微缩短,一般为 6 个月或 1 万千米。

汽车的质保政策中往往会出现较多的免责条款,如不当的保养及维修造成的损坏;已装上未经厂商许可的零部件或未经厂商许可对车辆进行改装、加装、拆卸;用户未严格遵守车辆的使用规定;因发生交通事故而造成车辆实际或潜在的损坏等。

2. 某品牌空调的质保政策

家用空调享受整机(含所有零部件、包括压缩机)免费保修 6 年。

下列情况不属于保修范围,预约服务店可实行收费维修:

(1) 消费者因搬运、保管不当等造成的损坏;
(2) 非生产厂商指定维修点安装、维修造成的损坏;
(3) 因不可抗拒的自然灾害造成的损坏;
(4) 超出质保期;
(5) 使用环境不符合产品说明书表述造成的损坏。

2.2 质保政策的分类

质保服务主要是根据质保政策中预先设定的内容展开的,质保政策直接关系着质保成本和产品销量。根据质保的范围维度、服务方式、是否由消费者付费等,质保政策有如下分类方式。

(1) 按照质保覆盖的维度,质保政策可分为一维、二维和多维。一维质保政策主要以单个变量进行刻画,例如使用时间、累积工作时间和累积使用次数等,典型的一维质保产品包括电视、洗衣机和空调等家用电器。二维质保政策以时间和累积使用度组成的矩形框架作为质保区域。任何一个维度超出界限,即可认定产品不可再享受质保服务。例如,我国汽车产品的质保范围是2年或6万千米,消费者至多可享受2年或者6万千米的质保服务。若消费者使用率高于3万千米/年,则其享受质保服务的时间将小于2年;若消费者使用率低于3万千米/年,则可享受2年的质保服务。而对于复杂产品,通常提供多维质保政策。例如着陆次数、购买时间和飞行时间构成了飞机的三维质保政策。

(2) 按照维修费用的支付方式,质保政策可分为免费维修/更换和按比例支付维修/更换费用。免费维修/更换政策指厂商全权承担在质保期内由产品缺陷产生的维修费用或更换费用。而按比例支付维修/更换费用指厂商按一定比例承担质保期内的维修/更换费用,剩余的费用由消费者承担。分担比例的设置较为灵活,厂商可根据实际情况将分担比例设置为一个常数或随时间变动的函数。

目前,诸多制造商还采取组合保修的方式,在免费维修/更换和按比例支付维修/更换费用的联合质保政策中对维修、更换施加不同的条件限制,构成了多元化的组合质保政策。

(3) 按照企业盈利的角度,质保政策可分为基础质保(base warranty)和延长质保(extended warranty)。基础质保是制造商在销售产品时,免费提供给消费者的保证服务,多与产品捆绑销售;而延长质保是制造商在基础质保的基础上拓展质保服务覆盖的范围,消费者可以通过购买延长质保获得额外的服务。延长质保可供消费者自主选择,属于付费服务,通常由厂商或者第三方保险商提供。此外,基础质保主要约定的条款包含产品类型、质保服务范围、质保服务政策、产品维修策略、双方责任和权利的划分、服务机构等内容。对于延长质保,在基础质保的主要内容之外,还包括延保服务开始的时间和持续时间、延保价格等内容。

(4) 按照产品是否可修,可分为维修策略和更换策略。维修策略主要针对于单价高、使用寿命长的耐用消费品。在产品发生故障后,厂商会对其进行维修并在维修后返还给消费者。更换策略主要针对U盘、电动牙刷等电子产品,这类产品一般经济价值较低且更换便捷,当产品在质保期内发生故障时,直接用新品进行替换。

(5) 按照质保期是否重置,可分为非更新质保和更新质保。在非更新质保政策下，当产品发生故障时，可通过维修或者更换来恢复产品的正常功能，质保期只是覆盖原来的保证期，目前市场上多采用这种质保政策。在更新质保政策下，产品更换或者维修后可获得与原始保证相同的保证期限，即质保期限重新开始计算。可更新质保多应用在价格低廉的电子产品中。

对于更新质保政策，如果产品在质保期出现故障，产品超出质保期的条件是维修或更换后的产品使用时间至少要达到 W。而对于非更新质保政策，不管产品经过几次维修或更换，只要产品的使用时间超过 W 就意味着质保服务终止。除更新质保和非更新质保政策，厂商还可能（需要）对产品质保期内的失效做特殊的约定，如维修次数、失效部件等。例如，在我国《家用汽车产品修理、更换、退货责任规定》中，对家用汽车的更换责任做了明确规定。这些特殊条款包括：

① 如果汽车修理时间累计超过 35 天，或者同一个产品质量问题引发的修理累计超过 5 次，消费者可申请更换车辆；

② 家用汽车购买之日起 60 日内或者行驶里程 3000 千米之内（以先到者为准）出现转向系统失效、制动系统失效、车身开裂或燃油泄漏，消费者可以选择更换或退货；

③ 因严重安全性能故障累计进行了 2 次修理，严重安全性能故障仍未排除或者又出现新的严重安全性能故障的；

④ 发动机、变速器累计更换 2 次后，或者发动机、变速器的同一主要零件因其质量问题，累计更换 2 次后，仍不能正常使用的；

⑤ 转向系统、制动系统、悬架系统、前/后桥、车身的同一主要零件因其质量问题，累计更换 2 次后，仍不能正常使用的，消费者可以选择更换或退货。

(6) 按照质保政策的灵活程度，可分为个性化质保和可谈判质保政策。个性化质保（customized warranty）政策指制造商为了吸引消费者，为消费者提供不同形式的可供选择的质保政策或不同质保服务条款的组合，也称为质保菜单（warranty menu）。个性化质保政策主要是标准产品的制造商根据不同用户的需求、偏好、对产品的使用模式等，设计对客户具有吸引力的质保政策，同时保证在不同的质保政策下预期的质保成本大致相当；可谈判质保政策（negotiable warranty）一般是针对复杂产品或复杂系统而言的，在此类产品或系统的采购中，质保期和质保条款都可以作为谈判内容，即完全根据承包商和用户的意愿在公平条件下确定质保政策。

此外,二手产品的质保政策也逐渐引起学界和业界的广泛关注。为消除消费者对二手产品质量和可靠性的疑虑,不少二手经销商对所销售的品牌认证二手车提供质保服务。当二手产品在质保期内发生故障时,经销商会提供检测、维修和部件替换等服务。

在实际应用过程中,受产品是否可修、质保覆盖的维度和维修费用分担方式等多因素的影响,市场上的质保政策呈现出多样性的鲜明特征。

2.3 一维质保

一维质保政策的特点是以单变量如工作时间或累计使用度为标准(如打印机的打印次数、挖掘机的行驶里程等)。下面介绍了一些常用的更新质保/非更新质保的一维质保政策。

1. 非更新质保的免费更换政策

卖方向购买产品的顾客承诺的质保服务期一般自产品交易行为结束后开始计算,例如顾客在 t 时刻购买产品时,可享受由卖方提供的时长为 W 的质保服务。在 $[t, t+W]$ 范围内,产品一旦发生已在质保合同内规定的各种状况,则由卖方提供免费的维修或更换服务;而当使用时长大于 W 时,则意味着质保服务终止。非更新质保政策示意图如图 2.1 所示。

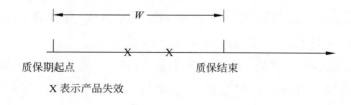

图 2.1 非更新质保政策示意图

例如美的公司的家用洗衣机,美的公司承诺自购买之日起,顾客可享受整机三年的质保服务。在此期间,若出现质量问题,顾客可与厂家联系,厂家将提供免费上门维修服务。但该政策并不适用于因顾客不当使用造成的损坏。

2. 非更新质保结合按比例支付维修/更换费用的政策

顾客在 t 时刻购买产品时,可享受由卖方提供的时长为 W 的质保服务。在 $[t, t+W]$ 范围内,产品一旦发生故障,卖方提供维修服务,但其费用由双方共同承担。其承担比例可以是一个定值,也可以是关于时间的函数,具体情况依质保服务条款而定。

3. 更新质保的免费更换政策

在更新质保的免费更换政策下,厂商对在质保服务范围内发生故障的产品提供免费更换服务。更换指用新的产品来替换有故障的产品,更换后的质保期重新开始计算,而新产品的质保服务条款和原有的条款相同。更新质保政策示意图如图2.2所示。

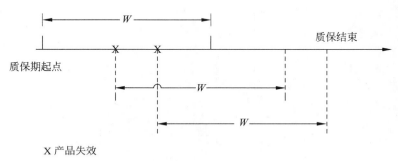

图2.2 更新质保政策示意图

4. 更新质保结合按比例支付维修/更换费用的政策

与更新质保的免费更换政策类似,在更新质保结合按比例支付维修/更换费用的政策下,制造商对在质保服务范围内发生故障的产品提供维修/更换服务,但顾客需支付一定的维修/更换费用,具体比例视质保服务条款而定。在维修/更换后,产品质保期重新开始计算。

2.4 二维质保

在大多数情况下,二维质保政策主要指由使用时间和累计使用度组成的矩形区域。图2.3展示了三种较为常见的二维质保服务范围。图2.3(a)中质保范围的最长使用时间和最高累积使用度分别为 W 和 U,若产品的使用时间或累积使用度有任一维度超过规定界限,则质保服务终止。值得注意的是,不同产品的"累积使用度"定义各异。例如,挖掘机的"累积使用度"是累积工作小时,累积行驶里程则代表的是汽车产品的"累积使用度"。图2.3(b)中的质保区域同样是由 W、U 表征的,在这里分别代表最小使用时间和最小累积使用度。图2.3(c)是图2.3(a)和图2.3(b)的折中,其质保区域由四个参数构成,即最小使用时间 W_1、最小累积使用度 U_1、最大使用时间 W_2 和最大累积使用度 U_2。

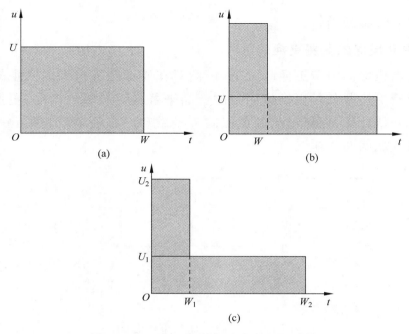

图 2.3　三种二维质保服务范围示意图

1. 非更新二维质保免费更换/维修政策

对于适用二维质保政策的产品而言,当产品在规定的使用时间和使用度阈值内发生故障,产品卖方将独自承担规定的责任。该种政策在耐用消费品售后服务市场较为多见。

例如上海大众针对正常售出的家用汽车产品,新车的质保期限是 3 年或 10 万千米,以先到者为准。在质保期限内,家用汽车产品出现质量问题,消费者可凭三包凭证在上海大众汽车相应品牌的任意经销商处办理免费修理。值得注意的是,质保期限是自经销商开具购车发票之日起计算。

2. 非更新二维质保结合按比例支付维修/更换费用的政策

商品销售之日起,产品在未达到质保政策中规定的时间 W 或累积使用度 U 之前发生故障,其维修/更换费用由买卖双方共同承担。该种政策在装备产品售后服务市场较为多见。

2.5　延长质保

基础质保主要是为了保障产品功能的正常展开,而延长质保(简称延保)更加侧重于盈利。延保通常由厂商或第三方机构来提供,目的是在保障产品正常运行的前提下获取利润。消费者可自愿购买延保服务,延保责任由服务提供方直接承担且不可向产品零部件供应商进行索赔。延保可在基础质保结束后开展,也可在质保期内对基础质保政策进行拓展。在延保服务范围内,产品若无法实现预期功能或发生失效,消费者根据延保政策可获得维修、更换或赔偿等一系列服务。

延保虽然表现为消费者预先支付一定费用用以确保未来一段时间内投保范围内的产品功能正常运转,但实际上开展延保业务对于消费者、制造商及社会均有益。在现阶段,延保已成为厂商新的利润增长点。Business Week 公布的数据显示,延保服务的平均边际利润为 $50\%\sim60\%$,约为一般产品边际利润的 18 倍。从厂商角度来看,延保能够激励厂商自身提供高可靠性的产品,并为与顾客建立长期合作关系提供了机会。从顾客角度来看,延保缓解了顾客对产品在基础质保后发生失效的担忧,可进一步降低用户在产品整个生命周期过程中的使用风险。

对于延保的延保期长度设定,其服务条款可以与基础质保相同,所需费用也可与基础质保保持一致。相反,延保服务条款也可与基础质保略有不同。延保主要包含以下主要因素:①维修、维护费用分担方式;②免责条款;③延保对个体索赔与整体索赔的限制;④可减免费用条款;⑤延保服务的价格。目前,延保服务已渗透到各个细分市场中,如汽车、工程机械、家用电器等生产企业都陆续推出了延保服务。

延保运营模式与基础质保明显存在差异。基础质保通常由厂商提供,责任由制造商及零部件供应商承担,但延保市场有众多承保者。根据延保责任承担主体不同可分为两类:一是厂商直接提供延保服务;二是由经销商、维修服务提供商等第三方提供延保服务。延保服务主要包括承保、销售及提供服务等几个环节,根据各个环节操作主体的不同,延保运营模型可分为以下两类:一是一体化运营;二是委托-代理运营模式。在一体化运营模式下,制造商或第三方延保服务提供商将延保责任、延保产品销售以及服务等相关业务融为一体,由自身独立承担。而在委托-代理运营模式下,延保服务提供商的延保销售、维修等业务可部分或全权委托给第三方来执行,延保服务提供商承担延保责任并获得延保产品的销售收益,同时支付被委托方相应的佣金。

目前一些大型家电连锁电器经销商以及互联网电器销售平台对一些电子产品、家用电器提供了延保服务,延保责任由这些产品经销商承担。随着延保市场需求不断提升,专门以承担延保责任为目的的第三方延保服务机构在国内市场崭露头角。例如美延保修集团,专门为家用电器、电子产品以及汽车提供延保服务。在此基础上,为进一步降低延保风险,集团还与相关的保险公司合作,将延保产品与金融业务相结合,降低延保中的运营风险。

2.6 可靠性增长质保政策

可靠性增长质保的基本思路是将免费更换质保政策加以拓展,并囊括了产品可靠性保证的概念,而不仅仅是针对某个时刻或短期的性能。这种质保适用于生命周期较长且较为复杂的产品。可靠性增长质保的目的是:提高产品质保责任,促使制造商在产品交付之后能继续提高产品可靠性。在该质保政策下,厂商的费用是以满足其可靠性质保要求能力为基础的。质保服务合同中通常包含对平均故障间隔时间的保证。

根据该政策,制造商在产品销售当日起提供时间跨度为 W 的质保服务,且对质保服务范围内发生的故障进行免费更换。同时,制造商要保证所售产品的平均故障间隔时间至少为 M。若平均故障间隔时间小于 M,制造商应免费为买方提供以下服务:①分析产品平均故障间隔时间不达标的原因;②提出可靠性改进建议;③在平均故障间隔时间达到 M 之前,为顾客提供备件供其使用。这类质保政策主要适用于复杂性、可维修的大批采购设备中,如武器装备等。

2.7 质保服务流程

质保服务流程如图 2.4 所示。厂商的质保服务水平受客户地理分布、备件库存水平、维修效率(即快速响应需求能力)的影响。厂商通常需要一个分散的服务网络,该服务设施可存储备件且具备操作熟练的维修工人,为现场维修提供物质保障。设计与建设服务网络时,往往需要耗费大量的人力、物力和财力,也涉及若干个运营决策问题,主要包含:

① 服务中心规划与选址;
② 各个服务中心的容量与人员规划;
③ 服务中心的运营模式(自营或外包给第三方服务机构);
④ 质保服务物资的配送与路径规划;
⑤ 备件库存管理;

⑥ 维修策略设计与优化；

⑦ 作业调度等。

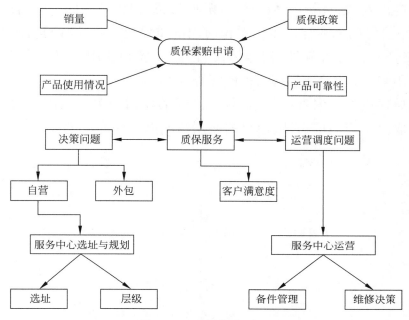

图 2.4 质保服务流程

2.8 质保成本及其组成

几乎所有的耐用消费品在销售过程中都会提供相应的质保服务，在质保期内维修或更换产品所发生的成本称为质保成本。精确地分析和预测质保成本，对于制造商制定产品价格和售后服务策略具有重要意义。相关统计数据显示，2009 年全球汽车行业的质保成本约为 300 亿美元。

质保成本有多种定义方式，常用的定义如下。

（1）单位产品的质保成本。单位产品的质保成本指制造商每销售单位产品需要承担的质保期内服务费用的总和，通常包含配件更换费用、检测费用、管理费用、人工费用、备件库存费用等。该成本可用于产品定价研究。当且仅当产品单价大于生产与质保成本的总和时，制造商才会获利。

（2）单位产品生命周期内的总成本。单位产品生命周期内的总成本通常是消费者或用户更为关注的，包含购买成本、基础质保结束后的维修成本、运营成本及报废成本。

(3)产品生命周期内的质保成本。产品生命周期内的质保成本指制造商在产品整个生命周期内所有销售产品的质保成本之和。该定义从产品生命周期的角度出发,指从新产品投放市场到最终退出市场之间的时间段。

(4)单位时间的质保成本。单位时间的质保成本是随时间动态变化的成本项,它受产品自身可靠性、销售情况、使用环境和使用强度等因素的影响。该成本常用来管理质保储备金、备件等资源。

影响质保成本的因素有很多,相互之间的作用与关系如图2.5所示。产品的失效取决于产品可靠性、用户的使用情况以及外部环境等。

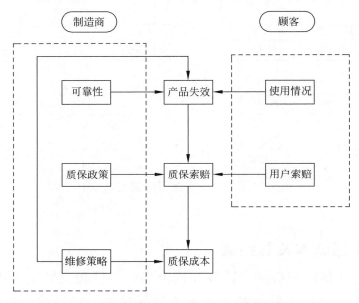

图2.5 质保成本的主要影响因素及其相互关系

2.8.1 维修及分类

在质保服务过程中,制造商对产品采取的修复行为称为维修。及时正确的维修是延长产品使用寿命、保证产品安全的重要环节。维修主要包含如下活动:服务、测试/监测、移除/替换、修理/全面检修、改善。

Shafiee和Chukova根据触发条件的不同,将产品维修分为两类:修复性维修(corrective maintenance,CM)和预防性维修(preventive maintenance,PM)。修复性维修指对已失效的产品进行维修,从而使其恢复到能执行规定功能的状态。预防性维修是为降低产品故障发生的概率,保持产品的正常运行状态,按规定的计划进行的检查、维修、更换等维护活动。

根据维修对产品性能的改善程度,修复性维修又可分为完美维修、非完美维修和最小维修等。

(1)完美维修。完美维修可将产品修复如新,即产品通过维修,消除了所有磨损和退化,可将修复后的产品视为一个全新的产品。从可靠性角度出发,完美维修等价于更换,但其费用要比更换低。

(2)非完美维修。非完美维修对产品的修复能力介于完美维修和最小维修之间。经过非完美维修,产品可靠性较维修之前相比有所提高,但低于新产品的可靠性。

(3)最小维修。最小维修可将失效产品恢复到工作状态,但并不改变产品的可靠性,即修复如旧。最小维修适用于多部件复杂产品,当产品的某一个或若干个零部件发生失效而需要维修或替换时,对产品整体可靠性的影响可忽略不计。最小维修是维修理论中最常用的假设,可极大简化模型构建的难度。

与修复性维修相比,预防性维修则实施于产品发生失效前,其目的是延缓衰老,从而降低产品在使用过程中的风险,保证产品的正常运作状态,主要包含清洁、润滑、检查、维修、更换等一系列维护活动,如汽车制造商在质保服务范围内对已销售的汽车产品提供定期保养服务。从厂商的角度来看,预防性维修将会对厂商的质保成本产生重要影响,一方面,实施预防性维修能够降低产品发生随机失效的风险,可降低修复性维修次数;另一方面,虽然提供预防性维修服务可降低产品发生故障的概率,但只有当预防性维修所削减的质保成本大于实施预防性维修节省的成本时,提供预防性维修服务对厂商才是有益的。在现阶段,预防性维修已成为厂商新的利润增长点与售后服务工作的突破点。预防性维修主要包括以下四类。

(1)定期维修。定期维修是指在对产品的故障规律有充分了解的前提下,根据规定的维修间隔或产品的工作时间,按照已安排好的时间对产品进行计划内的维护工作,而不考虑产品当时所处的运行状态。

(2)视情维修。视情维修是通过对产品状态进行监测,根据监测获取的特征量来判断产品的健康状态,从而预先安排维修作业的一种维修方式,属于预防性维修的一种。进行视情维修决策的一项重要工作就是通过监测数据,判断产品的运行状态,确定产品是否需要进行预防性维修,最大程度发挥产品的使用价值。

（3）主动维修。主动维修旨在寻求产品故障产生的根源,例如对油液污染度变化以及环境温度变化等进行识别,主动采取一系列事前的维修工作,将这些导致故障的因素控制在一个合理的水平或强度范围内,来预防产品进一步发生故障或失效。

（4）机会维修。机会维修主要考虑零部件自身的故障率和零部件之间的经济相关性,是将预防性维修和修复性维修相结合的一种维修方式。机会通常指生产过程出现中断的任何时机。总之,机会维修的概念主要指"将几个维修活动组合在一起开展""将一个预防性维修与一个修复性维修结合",或者"在某一时机或某一时间段内开展维修活动"。

虽然这两种维修活动的触发条件不同,目的有差别,但是从根本上讲都是提升产品可靠性、维护产品工作能力的有力手段。

修复性维修和预防性维修都有相应的费用,通常来说修复性维修的费用要大于预防性维修的费用。修复性维修的费用主要包括维修过程中需要花费的直接费用,例如维修人工费、检测费、备件费用等,还有由产品故障导致的间接费用,例如生产设备的停工损失、不满意客户的流失、产品口碑下降等。统计数据显示,在不同的行业中,每年的直接维修费用（包括修复性维修和预防性维修）占业务预算大多高于10%。例如在制造业中,比例为5%～15%；在交通业中,比例为20%～30%,而在采矿业中比例更是达到30%～40%。因为维修造成的间接影响难以统计,维修带来的间接费用往往难以准确衡量。修复性维修的费用也可以分为直接费用和间接费用两类,直接费用包括设备的检测费用、保养过程中的耗材费用、拆修和报废费用等；间接费用主要指实施预防性维修对用户造成的间接损失。

因为预防性维修的作用是控制或延缓产品退化速度,可以减少产品发生故障的概率,这就意味着可以减少触发修复性维修的次数,从而减少产品整体的维修费用。换句话说,从执行次数的角度看,预防性维修和修复性维修之间存在着一定程度上此消彼长的关系；从维修总成本的角度看,预防性维修和修复性维修之间存在权衡的关系,具体见图2.6。从最小化产品总维修费用的目标考虑,应当将预防性维修的投入控制在最优预防性费用投入点附近的合理范围内。

图2.7表示了预防性维修投入与产品可用性之间的关系。当预防性维修投入较低,产品受到自然退化和外部冲击等因素的影响时,易产生停机故障,

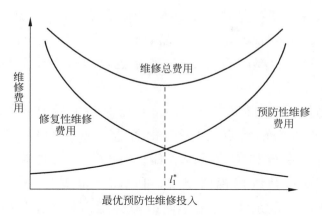

图 2.6　维修费用随预防性维修投入的变化关系图

导致产品可用性下降。在这种情况下,随着预防性维修投入的增大,由预防性维修导致的停机时间逐步上升,但产品由故障导致的停机时间显著减少。l_2^* 表示产品设备可用性最大时的最优预防性维修投入值。当预防性维修费用投入达到临界值 l_2^* 后,产品的可用性达到最高。随后继续增加预防性维修的频率,故障停机时间只会小幅减少,而由预防性维修导致的停机时间逐渐增大,产品的可用性随预防性投入的增加而减小。

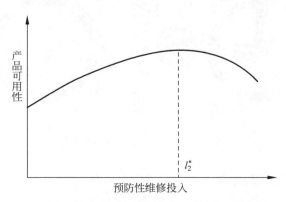

图 2.7　产品可用性和预防性维修投入比较图

需要注意的是,最小化维修总费用的预防性维修投入 l_1^* 和最大化产品可用性的预防性维修投入 l_2^* 通常相等。产品制造商或维修商需要同时根据自身情况和顾客需要,综合考虑总维修费用和总停机时间,才能制定出合适的维修策略。换句话说,制造商需要从总成本有效性的角度来保证产品的可用性。

为了顺应顾客对于产品功能的多样化要求,产品制造商生产出来的产品功能逐渐增多,结构更加复杂。从产品整体的角度看,产品可以视作一个单机系统;而从所构成的部件的角度看,产品也可以视为由多个相互联系的部件组成的多单元系统。

以自行车为例,见图 2.8 和图 2.9。自行车是生活中常见产品,虽然它具有结构简单,易于维修的特点,但还是由若干子系统组成,一般包括车把系统、车架系统、脚踏系统和车轮系统。任何一个子系统的损坏都可能导致自行车发生故障。所以从维修视角出发,可以将产品看作一个整体,也可以看作由多部件组成的复杂系统,对于不同故障类型需要从不同的视角来制定维修策略。

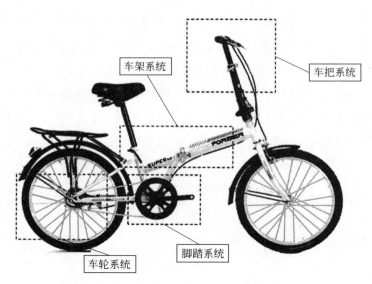

图 2.8 自行车结构示意图

2.8.2 一维质保成本

质保政策、产品构成以及产品运作特征是影响质保成本的重要因素。在对质保政策内容、质保服务执行效率、服务时间、故障率进行假设后,采用适当的方法可实现对质保成本的预测。质保成本的预测结果有多种表现形式,可用于质保资金合理预留、质保政策的设计与优化等。通常可将质保成本影响因素作为切入点,结合运筹学、随机过程、概率论等相关理论方法,建立质保成本的量化模型来研究各种影响因素对质保成本的影响,从而实现对质保成本的准确预测。

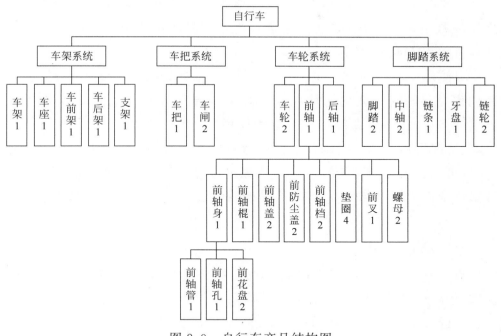

图 2.9 自行车产品结构图

(1) 以可靠性为中心的质保成本预测。通常假设维修时间和检测时间可忽略不计,对于完美维修和最小维修,采用更新函数可得到产品在质保服务范围内的期望维修次数,从而达到预测质保成本的目的;对于非完美维修,可通过对产品失效率函数的特殊处理,进而得到期望维修次数。

(2) 基于统计与参数估计的预测方法。通过对历史质保数据的统计分析也是进行质保成本预测的常用方法。但由于质保数据的不完全性和滞后性,目标规划、马尔可夫链、神经网络等方法也被用于质保成本预测研究中。

2.8.3 二维质保成本

进行二维质保成本分析的核心是产品故障模型。对于二维质保产品而言,其失效过程受到使用时间和累计使用度的共同影响。

常采用的二维质保产品故障建模方法主要有三种:双变量法、复合尺度法和使用率法。

(1) 双变量法。双变量法假设产品的寿命分布是关于两个变量的函数,即产品使用时间和产品累积使用度。当对故障产品进行替换时,可采取二维更新过程理论。但当对故障产品进行最小维修时,相关理论还有待进一步发展。

（2）复合尺度法。该法引入了一个新的变量来建立使用时间和累积使用度之间的联系，然后基于该复合变量来构建产品故障模型。常见的复合尺度法有线性模型和指数模型。

（3）使用率法。该方法的一个必要假设前提是对于特定的产品使用者，其使用率是不随时间变化的常数值。对于二维质保产品而言，从索赔数据库中可以计算出使用率，即使用率＝累积使用度/使用时间。当使用率为常数值时，多数情况下传统的二维问题可转化为简单的一维问题。当对故障产品进行替换时，可用相关更新理论对产品的故障过程进行建模；当对故障产品进行最小维修且维修时间可忽略不计时，产品的故障过程是一个非齐次泊松过程。

2.9 质保管理

质保管理对于提高产品市场竞争力、提升制造商利润等具有重要影响。质保管理从产生到发展共经历了三个阶段。

（1）行政管理阶段。在质保管理的第一阶段，企业的重点是质保管理的行政管理，其目的是通过一系列的检查来确定是否有欺诈行为，并有效控制质保索赔的维修、服务等相关费用。

（2）业务改进阶段。业务改进阶段的重点是分析产生质保索赔的原因以及待提高技术环节，使企业逐渐意识到质保数据可为质保管理及优化提供信息支撑。该阶段的工作重点包括服务网点的层级数量规划、选址、服务规模的设计、零部件库存、集成化管理、质保物流与供应链、任务分配、调度、顾客满意度调查等问题，进而保障质保服务的顺利进行。

在上述两个阶段，质保可以看作一种事后措施，质保管理既没有系统地融入新产品的管理过程，在战略层面也并没有引起管理层的高度重视。但实质上，质保管理对企业的商务运作模式也会有较大影响，因为企业的收益直接受到质保政策、备件库存的影响，且质保成本也会影响企业的整体利润。同时，可靠性是关于设计和生产的函数，质保成本也依赖于产品的可靠性，从而也受产品工程技术层面的影响。所以，质保不应被视作一个事后措施，它应被视为新产品市场营销的重要环节，在战略层面受到更高的关注。

（3）战略性质保管理阶段。战略性质保管理即企业从战略层面看待质保管理。战略性质保管理主要分为前期调查、设计与开发、生产、市场和售后五个阶段。可以理解为将质保管理融入产品的整个生命周期过程中，这也就意味着在产品可靠性设计与开发、产品生命过程质量控制与管理、产品市场竞争策略、提升顾客满意度等环节,同时也要考虑质保政策的影响,从而达到总体业务目标。

在质保管理过程中,有第三方共同参与时还会涉及一些其他重要问题,如下所示。

(1) 产品可靠性。产品的可靠性依赖设计阶段的决策,对质保成本有深远影响。当有外部人员参与设计时,如何按比例承担由于产品设计问题产生的质保成本仍有待进一步明确。若是由于第三方人员设计不当引发的质保费用,则应由第三方全权承担。但在产品开发和设计过程中,通常是企业的工程人员和第三方共同参与,对于某个特定的问题,往往很难界定具体责任。

(2) 零部件质量。供应商提供的零部件质量也直接影响质保成本。若由于外部供应商提供的零部件质量存在问题而引发的质保索赔,质保成本如何分担是一个重要问题。

(3) 维修服务质量。在质保过程中,维修服务质量直接影响顾客满意度和后续的产品销售。制造商和维修服务代理商如何分担质保成本、明晰责任也是一个重要问题。加强对维修服务代理商的监管将会降低服务代理商质量缩水带来的一系列风险,但与此同时也会产生一定的监管费用。如何平衡这两者之间的关系需要深入探讨。

(4) 个性化保修。现阶段的质保政策设计已经从统一向个性化转变。有竞争力的质保政策应该从满足消费者需求的角度出发,这样才能激发消费者购买优质维修服务的需求。

战略性质保管理需要综合考虑、权衡与质保相关的所有问题,同时也需要考虑所有决定以及各参与方活动构成的影响。如何对质保服务运营进行固化,并对质保服务所需资源进行有效协调和管理,确保质保服务质量和质保服务反应的敏捷性是战略性质保管理所要解决的关键问题。

2.10 本章小结

本章首先介绍了质保政策的定义,通过示例介绍了质保政策的一些服务条款;其次介绍了质保政策的分类,主要按照质保覆盖的维度、维修费用的支付方式、企业盈利的角度、产品是否可修、质保期是否重置等方式对质保政策进行了分类;然后对一维质保、二维质保、延长质保以及可靠性增长质保政策等做了介绍；接着对质保服务流程以及质保成本及其组成做了详细介绍；质保期内维修或更换产品所发生的成本称为质保成本，因而对维修及其分类也做了详细分析；最后对质保管理所经历的阶段等方面做了简要阐述。

习题 2

1. 汽车属于几维质保产品？（   ）
    A. 一维　　　　　　　　　　　　B. 二维
    C. 三维　　　　　　　　　　　　D. 多维
2. 根据（   ），可将质保政策分为基础质保和延长质保。
    A. 维修费用支付方式　　　　　　B. 产品是否可修
    C. 质保覆盖维度　　　　　　　　D. 企业盈利角度
3. 将产品修复如新属于哪种维修？（   ）
    A. 预防性维修　　　　　　　　　B. 完美维修
    C. 非完美维修　　　　　　　　　D. 最小维修
4. 常见的预防性维修方式不包括（   ）。
    A. 定期维修　　　　　　　　　　B. 视情维修
    C. 机会维修　　　　　　　　　　D. 故障后更换
5. 质保政策的分类方式有哪些？
6. 在质保服务中，一般将产品维修分为哪几类？
7. 根据维修对产品性能的改善程度，修复性维修有哪些类型？
8. 简述预防性维修主要包括哪几类。
9. 质保管理从产生到发展经历了哪几个阶段？
10. 简述产品质保服务的流程。

第 3 章 产品质保数据

本章学习目标

- 了解质保数据的来源
- 熟练掌握质保数据收集与分析的相关知识
- 了解质保数据收集的意义

本章将从质保数据的收集和分析、质保数据收集过程中出现的问题以及质保数据收集的意义等对产品质保数据进行具体阐述。

3.1 质保数据的收集和分析

1. 质保数据的来源与分类

在质保服务过程中,企业会收集和存储与质保管理相关的数据,这些数据统称为质保数据。质保数据来源于生产、销售、服务等各个环节,可以为企业决策提供客观依据。

依据数据性质,质保数据可分为索赔数据和补充数据两部分。

(1) 索赔数据。索赔数据主要指在质保期内索赔发生时企业收集的数据,例如产品索赔时间、故障模式、维修成本、产品型号以及顾客信息等数据。质保索赔数据一般包含如下内容。

① 产品相关信息。主要包含产品编码、产品类型、生产时间

和销售时间等。

② 故障相关信息。主要包含用户对故障的描述、故障时对应的产品工作时间或累积使用度以及故障发生的原因等。

③ 维修相关信息。主要包含故障处理方式、维修成本以及维修服务提供方的相关信息。

④ 客户相关信息。主要包含客户名称、地址、联系电话、所属净销售等。

⑤ 回访评价。回访评价指厂商在维修完成后以电话或电子邮件形式对用户进行的回访。

（2）补充数据。补充数据主要指从企业内部或外部收集的不与索赔直接相关的数据，例如企业内部获得的来自设计、研发、生产或市场部门的数据，企业外部获得的来自供应商或其他相关方的数据。补充数据主要包括如下内容。

① 生产相关信息。主要包含产品编码、生产时间以及生产过程等相关信息。

② 设计相关信息。主要包含产品关键零部件信息以及常见故障模式。

③ 销售相关信息。主要包含产品编码、销售时间、销售地点、价格等信息。

根据数据结构的不同，质保数据可分为结构化数据与非结构化数据。

结构化数据具备严谨的格式，需要封闭式答案（即一组有限的选项）中做出一个选择。相比之下，非结构化数据通常是文本形式，并无特定选项集。常见的两种非结构化数据分别来源于客户问题描述和技术人员意见。

① 客户问题描述。如刹车迟缓；空调制冷不足；使用一段时间后电视画面闪烁；计算机反应迟钝；手机无信号。

② 技术人员意见。如制动踏板僵硬；压缩机运行故障；数据线接触不良；螺栓松动；电机噪声异常。

与实验数据不同，质保数据是在实际操作环境下获得的，可以为产品的现场可靠性提供更为全面的信息。现如今，已有越来越多的制造商意识到利用质保数据估计产品现场可靠性的重要性。科学分析产品现场可靠性不仅有助于产品的更新升级，也可避免已出现的缺陷问题在新产品中重复发生，从长远角度来看，较大程度地降低了产品的保养和召回费用。

2. 质保数据分析的步骤及目标

产品质保数据中包含大量的产品质量与可靠性的有用信息,利用数理统计方法对质保数据进行分析,对于提升产品质量与可靠性、降低质保成本以及提高企业利润具有重要意义。

质保数据分析可以分为数据搜集、数据分析、问题确认及问题解决四个步骤,各步骤间的关系如图 3.1 所示。

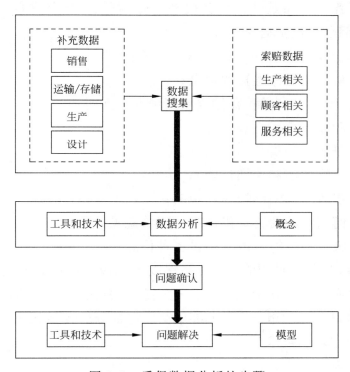

图 3.1　质保数据分析的步骤

(1) 数据搜集。数据搜集指在一定的既定标准下搜集和衡量产品质量与其可靠性信息的过程,然后通过对这些标准化的数据进行一些必要的分析和算法测试等,最后提出解决方案。产品质保数据主要由索赔数据和补充数据组成,其中补充数据包括销售、运输、存储、生产和设计等数据,索赔数据包括生产相关数据、顾客相关数据及服务相关数据。

(2) 数据分析。数据分析指运用适当的数理统计方法、算法测试等工具和技术对搜集来的大量质保数据进行提炼和分析,将数据加以汇总、理解并消化,以求最大化地开发数据的功能,发挥数据的作用。

(3) 问题确认。问题确认指通过对数据分析之后产生的结果进行思考和总结,找出现阶段质保中存在的问题,采用适当的表达方式对问题进行具体的描述,同时对质保问题中的多种变量进行操作化定义,使得问题中的变量可观察、可测量及可操作。

(4) 问题解决。问题解决指利用数理统计技术以及多种数学建模工具等,寻求质保问题的多种变量之间的关系,建立初步的数学模型,利用收集的大量数据对模型进行参数估计以及模型检验,对数学模型进行不断调整和修改,最后确定问题解决的合适模型。

质保数据分析的目标包含以下八个方面:
(1) 为评估产品可靠性提取信息;
(2) 在设计、生产、运输、存储或服务中发现问题;
(3) 评估和控制费用;
(4) 为新研产品提供帮助;
(5) 比较实际性能和预期性能;
(6) 评估或改变(必要时)质保策略;
(7) 为任何需求的变化提供适当的决策意见;
(8) 为各级业务持续性改善提供各种信息。

根据内容,此分析可以在产品、部件或中间级(组件、模块等)层次展开,既可以是定性的,也可以是定量的。适当的分析需要来自其他地方的数据(或补充数据),如生产、市场、设计和开发。定量分析涉及很多不同类型的模型以及大量的工具和技术。

3.2 索赔数据

3.2.1 索赔服务流程

索赔服务流程如图 3.2 所示,具体包括以下步骤。

(1) 产品出现故障后,客户提出索赔申请。

(2) 质保处理人员接到索赔申请后,会依据故障产品的相关数据和信息来判断该索赔是否有效。索赔无效的原因包括:欺诈性索赔(如因为过了质保期或者因为产品没有故障);由于产品转售导致质保无效;产品使用模式不符合质保条款等。

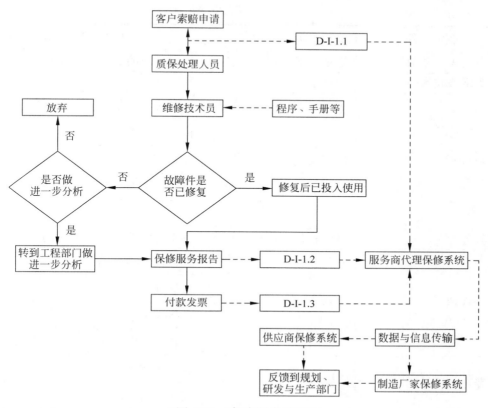

图 3.2 索赔服务流程

（3）如果索赔有效,下一步由维修技术员负责维修故障件。有些产品维修必须在现场进行,有些故障产品则需送到维修中心。

（4）在维修过程中,维修技术员需要做到:确定在测试时可以观测到或复现报告所说的问题;如果有问题,则确定故障原因;实施维修,修复故障产品。

（5）维修过程中会涉及不同类型的修复活动,例如重新焊接、修复破损连接、修理/更换故障件等。如果用新产品更换故障件,那么故障件要么废弃,要么送回制造厂家。故障件返回给制造厂家的原因包括:防止服务代理商的欺诈;对故障件做出更详细的分析;可能进行翻新或转售等。

3.2.2 索赔数据构成

表 3.1 为与质保索赔服务相关的事件、活动以及在现场质保服务过程中所生成的一些典型索赔数据。

表 3.1 索赔数据

事　件	活　动	典型的索赔数据
客户报告产品故障	记录质保索赔	有关症状的非结构化描述
派遣维修技术员	带好手册、备件和工具	到达现场的时间
开始诊断	测试及故障排查	未检测到故障
		检测到故障①
		故障原因②
		故障件工作(使用)时间(s)
		初步行动③
订购备件④	订购备件	备件订购费用和交付时间
开始修理	修理	到达现场的时间⑤
		更换部件
		修理时间
		有关故障件处置的进一步活动
与客户相关的后续活动		客户满意度
		进一步活动的需求

注：
① 如果对故障理解不透彻，维修技术员则可能会凭经验或已有知识做一番推测。
② 所报告的故障原因取决于维修技术员的知识和经验。
③ 这可能取决于维修技术员的私心。一些故障代码可能会导致修理时间较长，或者也有可能减少制造厂家的质疑。
④ 只有当必须要订购一个或多个备件时才会发生。
⑤ 备件交付后，维修活动才能重新开始。

故障件被送到质保站点(或授权代理)的过程非常相似，但不需要派遣维修技术员，因此没有路程时间。

3.2.3　索赔数据分类

索赔数据在图 3.2 中用 D-I-1.1～D-I-1.3 标识，可以分为产品相关数据、客户相关数据、服务相关数据和费用相关数据四类。一些索赔数据是结构化的，另一些是非结构化的。同样，有些数据是客观的，而有些则是主观的。接下来，详细介绍 D-I-1.1～D-I-1.3 中的典型要素。

类别 1：产品相关数据

索赔数据 D-I-1.1 内容如下。

(1) 制造。

(2) 型号。

(3) 购买日期。

(4) 标识号。

(5) 零售商名称和详细信息(如果相关)。

(6) 发生故障时的使用模式(如果有)。

(7) 故障日期。

(8) 质保类型(基础质保、延长质保、条款等)。

(9) 客户陈述。

(10) 故障前的征兆。

(11) 其他相关信息(其中一些是非结构化数据)。

索赔数据 D-I-1.2 内容如下。

(1) 诊断测试和结果。

(2) 测试程序完成后未发现故障。

(3) 发现故障(缺陷代码)；小修复(校准、调整等)；故障件。

(4) 故障件的情况描述(结构化和非结构化数据)。

(5) 列出可能导致故障的原因。

(6) 纠正措施：对故障件实施维修，用新产品更换故障件。

(7) 关于未修理部件的活动：废弃；返回给制造厂家进行进一步的分析。

类别 2：客户相关数据

索赔数据 D-I-1.1 内容如下。

(1) 名字。

(2) 地址。

(3) 联系方式。

(4) 使用模式。

(5) 使用强度。

(6) 使用环境。

备注：与最后三项相关的数据和相关信息通常都是明确的，如使用强度高、一般或低。

类别3：服务相关数据

索赔数据 D-I-1.2 内容如下。

（1）服务代理商的标识。

（2）质保处理人员的名字。

（3）身份证号码。

（4）客户使用方式和强度评估。

（5）客户对产品性能的不满意程度。

（6）索赔标识号（用于追踪）。

（7）维修技术员的识别号。

（8）服务时间。可以根据不同的活动进行划分，如运输、诊断、拆卸、维修活动、装配等。

（9）维修时间超过其规定值的原因（例如没有备件、工具等）。

类别4：费用相关数据

索赔数据 D-I-1.3 指质保服务费用。质保服务费用可能是直接费用（direct expense，DE），也可能是间接费用（indirect expense，IE）。每一类都可以根据不同的产品分为不同的组。

直接费用是在处理产品运输、修理/更换或翻新时产生的，包括以下内容。

（1）DE-1：RMA（return material authorization，退料审查）和事务管理过程费用。

（2）DE-2：质保站点修理/更换/翻新费用。

（3）DE-3：现场服务维修/更换/翻新费用。

间接费用包括以下内容。

（1）IE-1：供应商相关的补偿（借贷）费用。

（2）IE-2：质保相关的客服中心活动费用。

（3）IE-3：质保相关的库存费用。

（4）IE-4：质保登记费用。

（5）IE-5：质保分析过程费用。

（6）IE-6：寿命周期结束时的处置费用。

3.3 补充数据

完全基于索赔数据的使用可靠性评估无法得到准确的估计，因为这种方式忽略了仍然处于质保期且仍然可用的产品的相关信息，超过质保期的产品的工作时间以及使用情况信息。这些额外信息可从销售日期或一维质保产品的最后一次更换日期开始计算。对于二维质保,可以得到部分信息,即作为补充数据的删失数据。我们将这些数据定义为狭义的补充数据。广义的补充数据包括与有效质保管理相关的整个产品寿命周期的数据。

3.3.1 删失数据

本节主要介绍质保过程中收集到的数据的结构以及质保期之后产生的删失数据。如图 3.3 所示,$t=0$ 表示产品上市时间;销售行为产生后,用 t_{i0} 表示第 i 个产品销售的时间($i=1,2,\cdots,I$);假设该产品购买后立即投入使用,用 t_{ik} 表示第 i 个产品的第 k 次故障时间($k=1,2,\cdots,K$);假设产品故障和质保索赔之间无滞后,采用 $[0,t]$ 表示收集质保数据的时间范围。这里分别讨论一维质保和二维质保两种情况下的删失数据。

1. 一维质保

采用 W 表示一维质保参数。当 $0<t<W$ 时,所有销售产品仍然处于质保期内;当 $t \geqslant W$ 时,某些销售产品不在质保期内。注意:在不重新计算质保期的质保情况下,质保期 WP 与 W 相同;而在重新计算质保期的质保情况下,质保期 WP 大于 W。图 3.3 展示了不重新计算质保期的质保策略下,销售两个产品的质保历史。对于产品 i,认为 $t-t_{i0}>W$,表明该产品到时间 t 时已过了质保期。由于出现了一次产品故障,获得了一个产品故障观测值(用 $t_{i1}-t_{i0}$ 表示,即产品产生故障时的工作时间)和右删失(将在 3.3.2 节中介绍)观测数据(通过 $W-t_{i1}+t_{i0}$ 表示)。对于产品 j,有表达式 $t-t_{j0}<W$,表示该产品仍然处于质保期内。由于该产品未曾出现过故障,观察到的删失值为 $t-t_{j0}$。

对于重新计算质保期的质保,不在质保期内产品的删失观察值为 W。故障数据都是早期故障,早期故障会导致质保期要重新计算。如果产品仍然处于质保期内,则删失观察值为 t 时刻时产品的使用时间。

2. 二维质保

在二维质保情况下,故障是二维平面上的随机点,一个轴代表工作时间,另一个轴则代表使用情况(如行驶里程、复印数量等)。这里集中讨论由矩形表示的二维质保情况,如图 3.4 所示。由于超过使用时间或使用限制,质保可能停止,具体情况由使用率决定。因此,当质保过期时,知道销售日期并不能

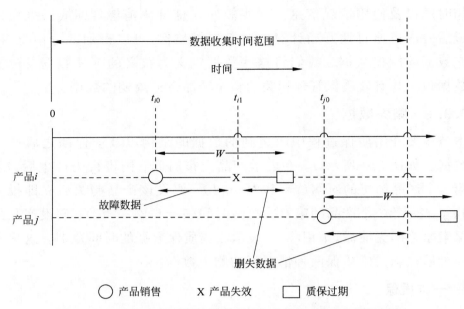

图 3.3 不重新计算质保期的一维质保中的删失数据示例

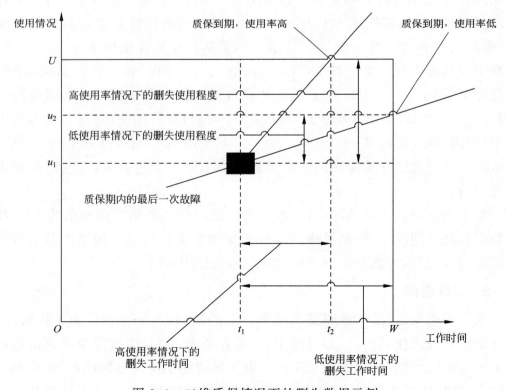

图 3.4 二维质保情况下的删失数据示例

提供关于删除时间和使用情况的任何信息。这种不确定性为估测产品可靠性带来了进一步挑战。不过,如果假定使用率不变(只是因客户而异),则可以根据产品的最后一次故障与对使用率的了解预测删除时间和使用情况。图 3.4 中分别表示了在高使用率和低使用率情况下,产品在质保期内最后一次故障到产品质保到期时所观测到的删除数据。在高使用率情况下,产品的删除工作时间为 t_1 到 t_2,删除使用程度为 u_1 到 U;在低使用率情况下,产品的删除工作时间为 t_1 到 W,删除使用程度为 u_1 到 u_2。

3.3.2 删除类型

由于某些原因,可靠性数据和索赔数据中可能出现删除数据。删除是寿命数据最重要的特点,在分析寿命数据和建模时需要进行特殊的处理。按照删除位置的不同可以分为左删失(left censoring)、区间删失(interval censoring)和右删失(right censoring)。

在这里,我们仅介绍与质保数据分析密切相关的右删失。右删失指人们仅知道产品的失效时间超过某值,但却并不知道确切的失效时间。右删失是质保数据分析中最常见的删失形式,产生的主要原因是在产品失效前已不能继续观测或者在质保期结束时产品仍未失效,如图 3.5 所示。

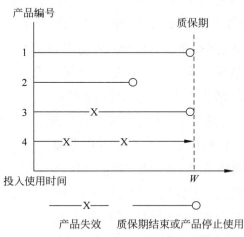

图 3.5 质保数据的右删失示意图

在质保期为 W 的编号为 1~4 的产品中,编号为 3 和 4 的产品在质保期内均发生了失效,经维修后继续使用直到质保期结束,编号为 2 的产品在时刻

t 停止了使用或者不能够再被跟踪到，编号为 1 的产品则在整个质保期内未发生任何失效。从可靠性分析的角度我们可以得到如下信息：

（1）编号为 1 的产品确切失效时间未知，但我们知道该产品在 W 时间内未发生失效。

（2）编号为 2 的产品的确切失效时间同样未知，我们仅知道该产品的失效时间超过 t。

（3）对于编号为 3 和 4 的产品，则知道确切的失效时间。

在产品销售后的时间 W 产生的索赔数据一般属于右删失数据，因为对于产品寿命超过质保期的产品所获得的相关数据极少。因此，只有在质保期间内产生故障的产品和被更换产品的故障时间数据可以观测到。对于其他产品，存在两种类型的右删失数据：①使用寿命超过 W 的产品（对于此类产品，仅知道故障时间 $Y \geqslant W$）；②从观测时间开始，在时间 t 销售的产品，在此，$t < W$（对于此类产品，仅知道 $Y > t$）。有时可以得到左删失数据，这种情况的前提为观察时间段晚于产品销售和使用时间。在可靠性实验中，通常存在两种类型的删失：第一种类型的删失是对 n 个产品实施实验，在预定时间 T 停止实验；第二种类型的删失是对 n 个产品实施实验，当 r 个产品产生故障时停止实验。

在第一种类型的删失数据中，知道在 T 时间前产生故障的产品寿命；对于其他产品，仅仅知道 $Y > T$。在第二种类型的删失数据中，知道产生故障的第一批 r 个产品的寿命，其他产品的寿命已经超过最后一个产品的故障时间。

右删失数据可以是单一删失数据或多重删失数据。上述讨论的可靠性数据属于单一类型的右删失数据。索赔数据可能是单一删失数据，也可能是多重删失数据，取决于所选用的时间。实际上，删失数据类型很多。数据可以是右删失或左删失，或两种类型并存；可以是随机删失（如第二种类型的删失），甚至也可以是不同删失类型的组合等。在此仅讨论右删失数据，最终结论可以轻松套用到左删失数据以及右删失和左删失并存的数据上。

删失在很大程度上会影响到似然函数的形式，似然函数是数据的联合分布。对于完全数据，似然函数一般是简单的密度或离散概率函数乘积。对于删失数据，似然函数是故障产品的密度函数和删失产品的累积分布函数的乘积。

3.4 广义补充数据

产品寿命周期涉及多个阶段,每个阶段会产生与质保和可靠性分析相关的大量数据。可以将这些数据分为投产前数据、生产(质量保证)数据和停产后数据三组。

3.4.1 投产前数据

投产前数据来自产品寿命周期的前三个阶段,即可行性研究、产品设计和研发阶段。

1. 可行性研究阶段数据(D-I-1)

可行性研究阶段重要的数据和信息如下。

(1) 前几代产品的质保(索赔+补充)数据以及相似产品的数据(来自管理系统)。

(2) 客户需求数据和使用剖面数据(通过调查获得)。

(3) 潜在销售数据(通过调查、专家咨询组等获得)。

(4) 市场上竞争对手产品的相关信息和其他与计划研制产品相关的所有信息(来自行业杂志、竞争对手的广告、政府统计部门、竞争对手的前雇员以及其他来源)。

2. 产品设计阶段数据(D-I-2)

产品设计阶段重要的数据和信息如下。

(1) 标准。

(2) 详细设计方案。

(3) 设计可靠性。

(4) 产品详细设计的工程图纸。

(5) 部件级设计可靠性规范。

(6) 部件物料说明。

数据信息的主要来源如下。

(1) 标准(行业标准、国家标准和国际标准)。

(2) 供应商宣传册和产品手册。

(3) 先前版本产品的设计详情。

(4) 监管标准和要求。

(5) 技术书籍、期刊和杂志。

3. 研发阶段数据（D-I-2）

研发阶段重要数据和信息如下。

(1) 标准。

(2) 组件级和中继级测试计划。

① 测试类型（如不同的使用环境）。

② 加速试验情况下的应力水平（电气、机械、热等）。

③ 试验周期。

④ 受试项目数。

(3) 试验设施的详细信息。

(4) 试验数据：应力水平、试验时间、故障和删失数据等。

数据和信息的主要来源如下。

(1) 标准（行业标准、国家标准和国际标准）。

(2) 试验报告。

3.4.2 生产数据

生产数据的重要数据和信息如下（D-I-3）。

(1) 有关生产过程的详细信息。

(2) 物流信息。

(3) 质量保证体系的详细信息。

① 组件级、产品级和中继级的试验计划。

② 试验类型。

③ 质量控制体系。

④ 外部供应商的组件验收抽样接受方案。

(4) 检验信息。

① 装配误差。

② 组件的一致性情况。

(5) 老化测试（可靠性增长）。

(6) 供应商工艺操作的详细信息。

(7) 供应商的质量保证体系。

数据和信息的主要来源包括。

(1) 工艺控制系统。

(2)试验结果。

(3)供应商系统。

3.4.3 停产后数据

停产后数据是指从市场营销到售后支持及产品寿命周期最后两个阶段的数据。

1. 市场营销阶段数据(D-I-4)

市场营销阶段重要数据和信息如下。

(1)产品保障服务(质保、延长质保、服务合同、定制等)。

(2)产品和产品保障捆绑。

(3)价格和推广。

(4)竞争对手的产品信息。

数据和信息的主要来源如下。

(1)零售商反馈。

(2)客户反馈、调查等。

(3)市场调查。

(4)行业杂志。

2. 零售商数据(D-I-5)

绝大多数产品通过批发商和零售商销售,零售商将产品销售给用户。一般情况下,零售商属于独立企业。在某些情况下,零售商仅与一家制造商签订特许经营协议(如大多数汽车经销商)进行产品销售。其他情况下,零售商可销售多个制造商的产品(如百货商店或专卖店)。

由于零售商直接与用户打交道,他们可从一个专门的角度获得用户相关需求、选择偏好等数据和信息。

3. 质保(延长质保)数据(D-I-6)

重要数据和信息如下。

(1)质保索赔。

(2)产品故障数据。

(3)使用剖面信息。

(4)质保期内的预防性维修活动。

数据和信息的主要来源如下。

(1) 服务代理商系统。

(2) 零售商系统(客户反馈)。

(3) 来自客户的直接反馈。

4. 使用数据

许多产品都有一个计数器用来显示累计使用情况,如汽车行驶的总里程、复印机复印纸张总数、飞机累计着陆次数,这些数据通常是从质保期内产生故障的产品中收集的。

对于某些产品(如大型复印机),可通过远程读取计数器上的数据,随后通过电子化方式传输给制造商;其他情况下,可通过客户在规定时间邮寄使用数据来收集信息。与产品产生故障时记录的使用数据不同的是,这种数据记录方式可提供随时间变化的产品使用补充信息。

5. 质保期后的数据

一旦质保到期或延长质保到期,客户就没必要通过授权服务机构维修故障产品了,而是可通过独立的维修机构进行产品维修或自行维修。这两种情况都无法收集故障数据。

如果制造商与授权代理商签订了相关协议,要求收集超出质保期外的产品数据,那么当客户在产品超出质保期外时请授权的服务商维修故障产品,可以收集相关数据。

获取超出质保期外数据的其他方式如下。

(1) 维修服务合同(如果授权代理商愿意收集和共享数据)。

(2) 备件的销售(仅适用于专卖部件,生产商或部件供应商是该备件的唯一供应商)。

(3) 消费者选择的杂志和报告。

(4) 跟进调查。

3.5 质保数据处理过程中的问题

在处理索赔数据时会遇到许多问题,包括报告过程中的延误、未报告的故障和信息丢失等。下面对这几个问题进行讨论。

1. 报告过程中的延误

图 3.6 给出了故障时间的观测值 T_1 大于实际值 $\tilde{T}_1$ 的各类延误(用 $\tilde{Z}_i$

表示，$i=1,2,3$）。

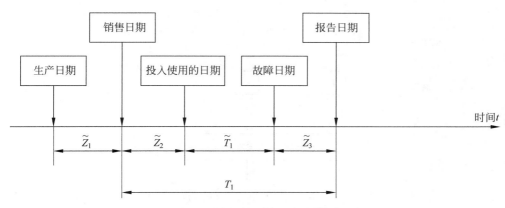

图 3.6　影响故障数据的延误

下面是延误原因的一些示例。

延误 $\tilde{Z}_1$。$\tilde{Z}_1$ 延误可能是由于运输时间（如果产品是跨洲运输或海外运输，运输时间可能是几个星期）及出售前在仓库或零售商商店的等待时间（从几天到几个月甚至几年不等）造成的。

延误 $\tilde{Z}_2$。如果所售产品被用做备件且并未立即投入使用，则会出现 $\tilde{Z}_2$ 延误。

延误 $\tilde{Z}_3$。$\tilde{Z}_3$ 延误取决于产品和一些其他因素，如故障危害度、环境条件、使用方式等。例如，对于汽车来说，风挡雨刷控制故障在雨季发生会较为严重，而如果是在旱季则没那么严重。因此，在旱季报告的延误时间会更长。

尤为重要的是 $\tilde{Z}_2$ 和 $\tilde{Z}_3$，但这二者都是不可观测的。由于这些延误，故障时间的观测值 T_1 可能会大于故障时间的实际值 $\tilde{T}_1$。因此，基于故障时间观测值的分析和推论所得到的可靠性估计值会大于实际值。

2. 未报告的故障

许多产品不止执行一种功能，如手机具备若干功能，包括发送话音信号、文本、图片等。此类产品包括多个部件，这些部件相互连接形成若干不同模块，然后通过不同模块间的相互作用，实现不同功能，如图 3.7 所示。

如果客户不使用某个功能，则不能识别相应的故障模式。即使检测到故障（如无法发送图片），客户可能也不会报告。例如，如果手机的主要用途是使用其他功能，则产生故障的功能不会被关注。

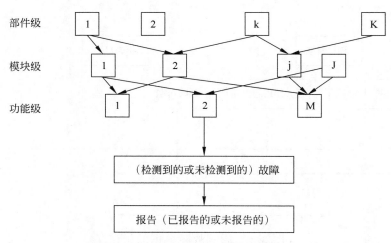

图 3.7 未检测到或未报告的故障

3. 信息丢失

在针对质保索赔提供服务时,服务代理商收集最多的信息一般有以下 7 类。

(1) 销售日期(确认产品是否仍在质保期)。

(2) 产品产生故障时的工作时间。

(3) 产品产生故障时的使用模式(如果相关)。

(4) 故障原因-故障模式(部件导致故障、装配错误等)。

(5) 使用模式、强度、使用环境(从客户处获得的非结构化数据)。

(6) 故障前征兆(从客户处获得的非结构化数据)。

(7) 纠正措施(更换或修复故障件、其他部件的情况等)。

如果上述所列数据和信息有部分未收集,就存在信息丢失的情况,那么所收集的数据量越大,信息损失也越大。

4. 其他问题

在处理质保索赔数据时可能会遇到其他问题。

(1) 聚合数据。例如,某个通信公司购买了一批微波天线(地对地和地面卫星传输)在偏远地区使用,其中部分投入使用,其他留作备件。用备件更换故障件,保修期内的索赔会涉及定期返回的所有故障件。

(2) 所报告的数据不正确(由于欺诈或偶然误差)。

(3) 不完全数据。

3.6　质保数据分析的意义

质保数据分析指用适当的统计分析方法对所收集来的大量数据进行分析,从而提取有用信息,形成结论并对数据加以更为详细的研究和概括总结。质保数据分析主要用于解决产品质保过程中发现的问题,对于制造和管理阶段中所做出的决策具有重要意义,具体情况如下。

1. 为设计缺陷、制造问题、部件缺陷等提供早期预警

由于质保索赔受产品可靠性与质量的影响,质保数据的变动可以反映产品可靠性与质量存在的问题。质保数据监控与预警就是采用统计方法、可靠性分析、计算机智能算法等对质保数据进行分析,及时发现产品索赔率或索赔发生时间的异常变动,并对其所反映的产品质量和可靠性问题进行安全预警。质保数据监控与预警最主要的目的是快速地根据质保数据发现问题。

2. 为产品质量改进提供有效信息

产品质保数据为厂商提供了产品在真实使用场景的质量和可靠性状况(即产品现场可靠性)。由于使用场景的复杂性,厂商想要获取产品现场可靠性是相当困难的。一般来说,除质保数据外,厂商可通过两种渠道来评估产品的现场可靠性,一是在实验室进行基于场景模式的寿命测试,二是了解产品在真实环境中的使用情况。但在实验室进行的寿命测试较难模拟所有可能的使用场景,并且受时间和成本的约束,很难保证发现所有的缺陷。而产品试用则同样存在时间和成本的双重约束,例如汽车制造商在新车上市前的路试,同样耗时非常长而且成本极高。

质保数据为产品的现场可靠性评估提供了重要的数据来源。质保数据能够用于分析和探测产品故障的原因,可用来协助工程师提高产品的可靠性。基于质保数据的可靠性设计与质保数据监控与预警都要发现与分析质保数据中的异常情况,不同之处在于质保数据监控与预警更注重时间上的及时性,而基于质保数据的可靠性设计对及时性要求不高,重点在于对问题产生的根源进行分析。

3. 对索赔及其成本进行预测

对市场保有的产品以及新产品进行质保索赔预测,可以使制造商更有效地对服务设施、服务能力、备品备件等进行合理的计划,以应对质保索赔的不确定性并保证合理的服务水平。而与质保索赔相关的质保成本预测则是制造商制定资金计划的重要依据,以避免由于资金不足导致的风险并减少资金浪费。典型的应用有优化备件库存和质保成本分析。目前索赔预测主要集中在基于随机过程的方法,包括基于寿命分布的方法、非参数方法、时间序列法以及卡尔曼滤波方法。

4. 评估产品可靠性并为质保政策和维修政策提供依据

由于质保数据中包含了实际操作环境和消费者使用率等诸多信息,因此利用质保数据设计质保政策更具针对性,也符合从统一质保到个性化质保的发展趋势。此外,针对复杂产品的维修和保养过程同样需要进行分析与优化,例如故障部件的维修与更换决策、预防性维修的周期与程度、维修方式等,基于质保数据的分析和产品可靠性模型同样是产品维修决策设计与优化的基础。

3.7 本章小结

本章从产品质保数据的收集与分析开始,主要介绍了索赔数据与补充数据的相关知识,随后详细介绍了质保数据分析的步骤和目标。对于索赔数据,本章介绍了索赔服务流程和索赔数据的具体构成及相关分类;对于补充数据,本章详细说明了删失数据的出现场景、具体定义以及广义补充数据的相关内容。最后,本章举例说明了质保数据处理过程中可能遇到的一些问题以及质保数据分析的意义。

习题 3

1. 以下步骤不属于质保数据分析步骤的是(　　)。
   A. 数据收集　　　　　　　　B. 问题确认
   C. 数据分析　　　　　　　　D. 方案评估
2. 以下在质保数据处理中发生的问题中最重要的是(　　)。
   A. 聚合数据　　　　　　　　B. 数据错误
   C. 报告过程中的延误　　　　D. 不完全数据
3. 举例说明质保数据中结构化数据与非结构化数据的出现场景。
4. 产品质保数据收集具体有哪些步骤?
5. 举例说明质保数据收集过程中可能遇到的问题,并谈一谈解决方案。
6. 结合实际案例谈一谈质保数据收集在产品质保维修过程中的意义。

第 4 章 质保数据分析的可靠性理论基础

本章学习目标

- 掌握可靠性的概念、故障及其分类
- 熟悉一般产品可靠性分析的定性和定量要求
- 掌握常见可靠性参数指标的定义、计算和处理方法
- 掌握产品质保数据分析中参数估计和非参数估计的类型、适用情景及应用步骤
- 熟悉常见的可靠性退化模型,如 Gamma 过程、Wiener 过程和质保分析中基于使用率的加速失效时间模型,并能进行简单分析

本章先向读者介绍产品可靠性分析的相关概念和概率统计基础,再介绍参数估计和非参数估计的基本方法,最后介绍常见的可靠性退化模型。

20 世纪 90 年代,世界著名的质量管理大师朱兰博士曾预言,21 世纪将是质量的世纪。进入 21 世纪以来,这一伟大的预言正在变为事实。在新时代的国际激烈竞争中,各国都选择将质量作为振兴本国产业和提升国际影响力的关键因素,"中国制造 2025"也将质量兴国提升至经济发展中极其重要的位置。产品可靠性作为产品质量一个重要的组成部分,在各领域特别是生产制造领

域,获得了越来越多的关注和快速的发展。一个合格的产品生产商,为了获得更高的顾客满意度,通过提升产品的可靠性实现产品质量的提高是一个有效的途径。

4.1 产品、产品质量及可靠性

4.1.1 产品及分类

从概念上,产品指由一个组织提供给市场,能够满足消费者特定需求而被消费者使用和消费的任何东西,可以是有形的实体产品、无形的服务或者两者的结合。除去一些特殊情形如维修服务外,绝大多数产品的质保都是针对有形产品的。从质保的角度,产品大致可分为以下五类。

(1) 消费品。消费品是相对于工业品而言的,主要指直接提供给最终消费者使用的产品。人们日常见到的产品绝大多数都属于消费品。按照产品的特点,消费品一般分为耐用消费品(durable goods)和非耐用消费品(non-durable goods)。耐用消费品一般指使用寿命较长、可以多次重复使用的消费品。此类产品的特点是价值较高、消费者购买次数较少,典型的耐用消费品包括家用电器、家具、汽车、计算机、手机等。与耐用消费品相对应的是非耐用消费品,一般指价值较低、易消耗、需要重复购买的产品,典型的非耐用消费品包括服装、化妆品、食品等。对于非耐用消费品,通常厂家不需要为售后产品提供质量保证,但是此类产品在生产、销售等过程中同样需要遵守各项法律法规、健康和安全标准等。

(2) 工业品。工业品(industrial products)指那些消费者以社会再生产而不是以单纯消费为目的所购买的产品。工业品一般可分为工业中间品(industrial intermediate products)和最终工业品(final industrial products)两类。工业中间品包括汽车制造过程中所需的原材料和零部件,工业中间品最终会经过生产、加工、组装等程序成为最终产品的一部分;最终工业品主要服务于工业或工程,如大型发电设备、机床、起重设备等。与耐用消费品类似,工业品制造企业也需要为工业品提供质量保证,但工业品的质保相比于消费品要复杂得多。需要指出的是,并不能仅从产品本身去区分产品属于工业品还是消费品,如家用和商用的洗衣机、打印机等。在质保管理领域,区分一个产品属于消费品还是工业品,主要看消费品和工业品在质保政策设计方面的差异。

(3) 复杂产品系统。复杂产品系统（complex product system）指研发成本高、规模大、技术壁垒高、集成度高的大型产品、系统或基础设施等，这类产品的用途一般比较单一和特定，呈现小批量或单件定制的特点。复杂产品系统的典型特征是在产品的寿命周期内要规划并进行大量、多次且复杂的保养、维修及升级活动。根据用途划分，常见的复杂产品系统包括大型客机、船舰、飞行器、发电站、通信网络等。此类产品往往由不同的产品所构成，价值较高且包含一定的专利技术。复杂产品系统的质保政策往往是个性化且可谈判的，一般作为复杂产品系统交易的合同条款存在。

(4) 标准产品和定制化产品。标准产品是根据市场调研及企业经验所设计和制造的产品，一般的耐用消费品和大多数工业品都属于标准产品。与标准产品不同的是，定制化产品的主要目的是满足特定客户群体或客户特定的产品需求及用途。定制化产品的定制化程度也有差别，因此定制化产品的质保政策可以与标准产品相同或不同。

(5) 不可修产品和可修产品。不可修产品（non-repairable products）指产品发生故障后无法通过维修恢复到规定功能状态，例如灯泡、电子元器件、电池等。此类产品一般价值较低，修复不可行或代价太大。相反，可修产品（repairable products）指产品在出现失效后可经过维修将产品功能恢复部分或全部。绝大多数耐用品如家用电器、计算机、汽车等都属于可修产品。可修产品和不可修产品的分类并不是绝对的，一个可修产品的零部件可能是不可修的，如汽车的后视镜等。区分产品是否可修是因为分析两类产品寿命时的方法存在差异。

4.1.2 产品质量

对于现代社会中的人们来说，"质量"并不是一个新鲜的概念。早在石器时代，人类就有了质量意识，并且会对所制作的石器进行简单的检验。正如人类对一切事物的认识过程一样，社会对"质量"的理解在不同的历史阶段也表现出了不同的特点。在全球化的今天，产品的同质性越来越强，这就导致质量成为了企业之间甚至国家之间的主要竞争点，如何为顾客提供质量满意的产品对于赢得和确立品牌信任度及市场份额至关重要。此外，质量不仅体现在有形的产品中，也体现在无形的服务活动和国家战略发展进程中。在中国特色社会主义新时期，我国经济发展也进入了新时代，基本特征就是我国经济已由高速增长阶段转向高质量发展阶段。

国际标准化组织在其国际标准 ISO 9000:2015《质量管理体系——基础和术语》中对质量的定义为"一个关注质量的组织倡导一种文化,其结果导致其行为、态度、活动和过程,它们通过满足顾客和其他有关的相关方的需求和期望创造价值"。

组织的产品和服务质量取决于满足顾客的能力以及对有关的相关方预期或非预期的影响。产品和服务的质量不仅包括其预期的功能和性能,而且还涉及顾客对其价值和利益的感知。

由于组织、顾客和其他相关方的需求是动态的、广泛的,因此在理解质量定义的同时,还应该考虑质量概念的以下特征。

(1) 广义性。质量不仅指产品的质量,还包括过程和体系的质量。

(2) 时效性。组织、顾客和其他相关方的需求和期望会因时间和地点的变化而变化,质量要求必须不断做出相应的调整。

(3) 相对性。需求的日趋多样化、个性化导致对同一产品的同一功能也可能有不同的需求。只要能满足需求,就应该认为产品质量是好的。也就是说,质量没有绝对的标准。

(4) 经济性。"物超所值""物美价廉""性价比"等都描述了质量的经济性。质量和价格是产品在市场中的两个基本参数。

半个世纪以来,人们对质量的认识大概经历了符合性质量、适用性质量和全面质量三个阶段。随着人们对产品及服务质量要求的提高,传统的符合性质量和适用性质量已经无法满足产品或服务的供给双方的需求。许多质量学者逐渐将研究的重点聚焦于全面质量。所谓全面质量,不仅指最终的产品,而且覆盖与产品相关的一切过程的质量,覆盖产品的整个生命周期,包括工作质量、服务质量、信息质量、过程质量、部门质量、人员质量、系统质量、企业质量、目标质量等。全面质量是一种以人为本的管理系统,其目的是以持续降低的成本,持续增加顾客满意度。

4.1.3 可靠性定义、分类与度量

产品的可靠性是产品质量的一个重要组成部分。可靠性的技术是提高产品质量的一个重要手段,其本身已形成了一门独立的学科和研究领域。

在国家标准 GB/T 2900.13—2008《电工术语 可信性与服务质量》中,将产品的可靠性定义为"产品在规定的条件下和在规定的时间内完成规定功能的能力"。根据定义,可靠性实际上是在时间维度上讨论产品的质量,因此

可靠性也被称为时间维度上的质量。

从产品形成的过程来看,产品的可靠性又可划分为设计可靠性、制造可靠性、交付可靠性和现场可靠性。产品形成过程中不同阶段的产品可靠性、影响因素及参与者如图4.1所示。

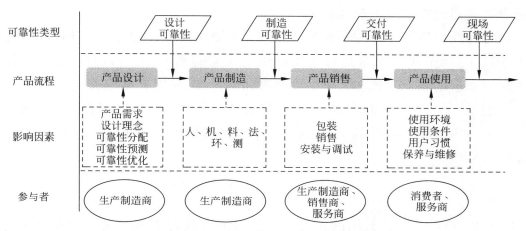

图 4.1 产品形成过程中的可靠性、影响因素及参与者

（1）设计可靠性。设计可靠性（design reliability）指产品在完成设计后预计的可靠性水平,是在综合考虑用户需求、产品成本、可制造性、可维修性以及失效后果等因素的基础上,通过相关的可靠性方法确定待生产产品的可靠性水平。设计可靠性是产品可靠性的源头,对产品的可靠性起着决定性的作用。同时,在设计中存在的缺陷也会最终影响产品可靠性。

（2）制造可靠性。产品的制造可靠性（manufactured reliability）也称固有可靠性（inherent reliability）。在制造过程中,影响产品可靠性的因素众多且复杂,基本包括人、机、料、法、环、测等,所有这些因素的交互作用和联合作用使得产品的制造可靠性存在一定的波动风险,即不同的产品甚至同一批次的产品个体中都存在不同程度的差异。同样,制造中的缺陷也会影响到最终产品的可靠性。

（3）交付可靠性。交付可靠性（delivery reliability）指产品在完成制造和销售并成功交付给客户时的可靠性,其影响因素包括产品的存储、包装和运输过程中发生的颠簸、震动、碰撞以及产品的安装调试等过程所导致的产品可靠性下降的风险概率。与产品的制造可靠性不同,销售可靠性一般都是不可预知的且难以避免的,具有不确定性和随机性。

(4) 现场可靠性。现场可靠性(field reliability)指产品成功交付给用户后在用户使用过程中表现出的可靠性,受产品使用环境、使用条件、用户习惯、维修保养水平等因素的影响。现场可靠性是设计、制造和交付可靠性的具体表现,同时也是用户在使用产品时所能直接感受到和参与的可靠性,对用户满意度和忠诚度的影响最为直观。

可靠性的概率度量称为可靠度。可靠度的定义为:在规定的时间、规定的条件下,产品可以正常运行或发挥规定功能的概率,它可以直接度量产品可靠性水平的高低和优劣。可靠度是时间的函数,常用 $R(t)$ 来表示。

假设有 n 个相同的产品在某一实验条件下测试,在时间段 $[0,t]$ 内有 $n_f(t)$ 个产品发生故障,其余 $n-n_f(t)$ 个产品可以正常工作,则在 t 时刻该产品的可靠度为

$$R(t) = \frac{n - n_f(t)}{n} \tag{4-1}$$

式(4-1)是从实验数据的角度对产品可靠度进行直观定义。若从概率论角度,用 T 表示产品失效时间的随机变量,那么 t 时刻产品的可靠度表示为

$$R(t) = P(T > t) \tag{4-2}$$

式(4-2)表示事件"产品发生故障或失效的时间 T 大于规定时间 t"发生的概率。$R(t)$ 是关于时间的非增函数。理想状态下,当 $t \to 0$ 时,$R(t) \to 1$;当 $t \to +\infty$ 时,$R(t) \to 0$。

【例 4-1】 某厂家需要对生产的电子管进行可靠性测试,这批待测电子管总共有 300 只,每隔 100h 对还未失效的电子管数量进行统计,实验结果如表 4.1 所示。

表 4.1 测试结果统计

检测时间/h	正常工作的电子管数量/个
100	286
200	277
300	234
400	156
500	104
600	25
700	0

问在 200、400、600h 时，该批产品的可靠度是多少？

解：连续工作时间 200、400、600h 后，电子管剩余正常工作数量分别为 277 个、156 个和 25 个，则每个时刻这批产品的可靠度分别表示为

$$R(200) = \frac{n_f(200)}{n} = \frac{277}{300} \approx 92.3\%$$

$$R(400) = \frac{n_f(400)}{n} = \frac{156}{300} = 52\%$$

$$R(600) = \frac{n_f(600)}{n} = \frac{25}{300} \approx 8.3\%$$

4.2 质保数据分析的概率统计基础

正常情况下，产品可靠性的度量和寿命分布类型都离不开概率论和数理统计的知识。简单来说，可靠性也是一种用概率大小来表示的产品特征。因此，本节将简要介绍研究产品可靠性所涉及的相关数学知识以及常见的产品寿命和故障分布函数。

4.2.1 基本概率统计术语

1. 随机现象和随机事件

人们在工程试验或日常生活中所做的试验和决策，按照结果的可靠性大小标准来划分可分为两类，即确定现象和不确定现象。例如，太阳总是从东方升起，从西方落下，这就是一个确定的现象；你决定明天外出，但明天可能有雨，也可能天晴，结果具有不确定性，这就是一种不确定现象。时间表明，绝大多数不确定现象都具有统计规律性。我们把具有统计规律性的不确定现象称为随机现象。描述随机现象某种可能的结果称为随机事件，常用大写的英文字母 $A,B,C,\cdots$ 来表示。随机事件的特点是在事情结果出现之前，人们不能确定它最终是否会出现。如投出一枚骰子，在未落地之前，就无法知道它最终的点数是多少。

2. 随机试验

研究随机现象各种可能发生的结果的过程称为随机试验。随机试验的特点是：每次试验可能出现的结果大于或等于 2 个；试验条件不变的情况下，试验可无限次重复；重复试验的结果以不确定的形式发生。

3. 频率和概率

随机事件在一次试验中是否发生具有不确定性,因此就有一个发生可能性大小的问题,这可用事件发生的频率或概率来进行度量。

在相同的条件下独立重复相同试验,假设事件 A 出现的次数 N_1 为频数,则

$$P(A) = \frac{N_1}{N} \tag{4-3}$$

称为事件 A 发生的频率,其中 N 表示试验的总次数。

但是,频率具有波动性和随机性,故频率的结果常常无法达到应用的要求。人们在大量的实践研究中发现,大量重复同一条件下的试验时(理想条件下重复试验无限多次),事件发生的频率逐渐趋于一个稳定值,这个稳定值就称为该随机事件的概率。例如,抛一枚硬币,记录正反面的次数,在试验次数足够多后会发现,正反面朝上的概率会趋于一个稳定值,即 $P(A) = P(B) = 0.5$,其中 A 表示正面向上的随机事件,B 表示反面向上的随机事件。

4. 离散型随机变量

如果一个随机变量的可能取值为有限多个或可数无穷多个,则称该随机变量为离散型随机变量。研究离散型随机变量不仅需要知道随机变量 X 的所有可能取值 $x_1, x_2, \cdots, x_n$,更重要的是要知道取得这些值的概率。其中每一个取值的概率大小为

$$P(X = x_i) = p_i, \quad i = 1, 2, \cdots, n$$

离散型随机变量一般用如下概率分布律表示

$$X \sim \begin{bmatrix} x_1 & x_2 & \cdots & x_n & \cdots \\ p_1 & p_2 & \cdots & p_n & \cdots \end{bmatrix}$$

其中 $0 \leqslant p_i \leqslant 1 (i=1,2,\cdots,n); \sum_{1}^{n} p_i = 1$。

5. 连续型随机变量

在给定区间(或无限区间)内可取得任意数值的随机变量,称为连续型随机变量。大多数产品的寿命是一个连续型随机变量,如电子元器件的寿命、车辆的大修里程等,理论上它们可在 $[0, \infty)$ 区间内取任意值。

当 X 为连续型随机变量时,其累积失效概率函数为

$$F(x) = P(X \leqslant x)$$

如果分布函数的导数存在,则

$$f(x) = \frac{\mathrm{d}F(x)}{\mathrm{d}x}$$

称 $f(x)$ 为概率密度函数。

概率密度函数或概率分布反映了随机变量的统计规律,因而用不同的分布,如正态分布、指数分布等,可描述不同产品的寿命分布。

4.2.2 可靠性中常用的概率分布

产品的可靠性参数都是随机变量,因此要运用概率论的理论和方法来研究这些随机变量的规律。在可靠性工程中,常用的分布函数有 0-1 分布、二项分布、泊松分布、几何分布、正态分布、对数正态分布、指数分布、威布尔分布等,如图 4.2 所示。

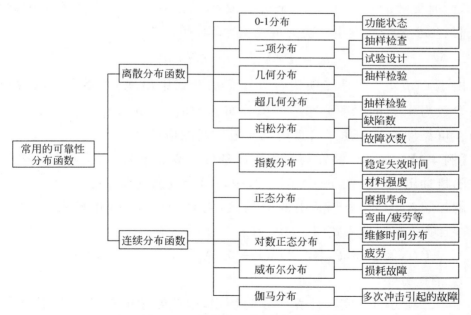

图 4.2 常用的可靠性分布函数

1. 常用的离散型随机变量分布函数

1) 0-1 分布

离散随机变量 X 的分布律如表 4.2 所示。

表 4.2　离散随机变量 X 的分布律

X	0	1
P	p	$1-p$

其中 $0<p<1$，则称 X 服从参数为 P 的 0-1 分布。

2) 二项分布

如果随机变量的基本结果只有两个，即成功或失败，例如导弹是否爆炸，则把这类试验称为伯努利试验。

如果随机现象是由 n 次相同条件的伯努利试验组成的，并且每次试验结果相互独立，每次试验只有两个结果——成功或失败，则把这种试验称为 n 重伯努利试验。

在 n 重伯努利试验中，若每次试验成功的概率为 q，则失败的概率为 $p=1-q$，此时失败的次数 X 是一个可能取 $0,1,2,\cdots,n$ 共 $n+1$ 个值的随机变量。假定 b_r 为恰好发生 r 次失败的概率，则有

$$b_r = P(X=r) = C_n^r p^r q^{n-r} \tag{4-4}$$

由于 $C_n^r p^x q^{n-x}$ 是二项式 $(p+q)^n$ 展开式中出现 p^x 的那一项，故称 X 服从参数为 n、p 的二项分布。二项分布的均值 $\mu=np$，方差 $\sigma^2=npq$。二项分布在可靠性工程和质量管理中都有着广泛的应用。

【例 4-2】　某新产品在规定的生产条件下废品率为 0.2，从批量较大的产品中随机抽出 20 个，有 $r(r=0,1,2,\cdots,10)$ 个废品的概率是多少？

解：令 X 为 20 个产品中的废品数，它是随机变量，并服从 $n=20$、$p=0.2$ 的二项分布。带入式(4-4)中，有

$$P(X=r) = C_{20}^r (0.2)^r (1-0.2)^{20-r}, \quad r=0,1,2,\cdots,10$$

3) 泊松分布

由于二项分布在实际计算中较为烦琐，因此希望能找到一个便于计算的近似公式。泊松分布被认为是当 n 为无穷大时的二项分布的扩展。事实上，当 $n>20$ 且 $p\leqslant 0.05$ 时，就可以用泊松分布近似表示二项分布。

泊松分布的表达式为

$$P(X=r) = \frac{(np)^r}{r!} e^{-np} = \frac{\lambda^r}{r!} e^{-\lambda} \tag{4-5}$$

式中，$\lambda=np$；$P(X=r)$ 为在 n 次试验中发生 r 次事件的概率。

泊松分布的均值 $\mu=\lambda$，方差 $\sigma^2=\lambda$。

【例 4-3】 控制台指示灯的平均失效率为每小时 0.001 次。如果指示灯的失效数不能超过 2 个，该控制台指示灯工作 500h 的可靠度是多少？

解：已知 $p=0.001, n=500, r\leqslant 2$，由式(4-5)可得

$$P(X\leqslant 2)=\sum_{r=0}^{2}\frac{(np)^r}{r!}e^{-np}=e^{-0.5}+0.5e^{-0.5}+\frac{(0.5)^2}{2}e^{-0.5}=98.6\%$$

因此，该控制台指示灯工作 500h 的可靠度是 98.6%。

4) 几何分布

如果随机变量 X 的分布律为

$$P(X=k)=pq^{k-1},\quad k=1,2,\cdots$$

其中 $0<p<1, q=1-p$，则称 X 服从参数为 p 的几何分布，或称 X 具有几何分布。

在独立、重复的一系列伯努利试验中，若每次试验成功率为 $p(0<p<1)$，则在第 k 次试验时才首次试验成功的概率服从几何分布。

几何分布的期望 $E(X)=\dfrac{1}{p}$，方差 $D(X)=\dfrac{1-p}{p^2}$。

5) 超几何分布

如果随机变量 X 的分布律为

$$P\{X=k\}=\frac{C_M^k C_{N-M}^{n-k}}{C_N^n},\quad k=l_1,l_2,\cdots \tag{4-6}$$

其中 $l_1=\max(0, n-N+M), l_2=\min(M, n)$，则称随机变量 X 服从参数为 $n、N、M$ 的超几何分布。如果 N 件产品中含有 M 件次品，从中一件接一件有放回地取 n 次，则 X 服从超几何分布 $B\left(n,\dfrac{M}{N}\right)$。

超几何分布的期望 $E(X)=\dfrac{nM}{N}$，方差 $D(X)=\dfrac{nM(N-M)(N-n)}{N^2(N-1)}$。

2. 常用的连续型随机变量分布函数

1) 指数分布

指数分布是可靠性工程中最重要的分布之一。当产品工作进入浴盆曲线（即失效率曲线，特点是两头高、中间低，呈浴盆形状）的偶然故障期后，产品的故障率基本接近常数，其对应的故障分布函数就是指数分布。

指数分布的参数估计较为简单,只有一个变量,在数学上非常容易处理,因此适用范围广。此外,指数分布具有可加性。

指数分布的密度函数为

$$f(x) = \begin{cases} \lambda e^{-\lambda x}, & x > 0 \\ 0, & x \leqslant 0 \end{cases} \qquad (4-7)$$

其中 $\lambda > 0$。

指数分布的累积失效分布函数为

$$F(x) = \begin{cases} 1 - e^{-\lambda x}, & x > 0 \\ 0, & x \leqslant 0 \end{cases}$$

指数分布的均值 $\mu = 1/\lambda$,方差 $\sigma^2 = 1/\lambda^2$。

指数分布的性质如下:

(1) 指数分布的失效率 λ 等于常数;

(2) 指数分布的平均寿命 θ 与失效率互为倒数,即 $\theta = 1/\lambda$。

指数分布无记忆性。无记忆性指故障分布为指数分布的系统,其失效率在任何时候都与系统已工作的时间长短没有关系。

【例 4-4】 机载火控系统的平均故障间隔时间是 100h,即 $\theta = 100h$,则工作 5h 不发生故障的概率是多少?

解:火控系统的故障分布函数为指数分布,则有

$$R(5) = e^{-\lambda t} = e^{-\frac{1}{\theta}t} = e^{-\frac{5}{100}} = 95\%$$

因此,火控系统工作 5h 不发生故障的概率是 95%。

2) 正态分布

在可靠性工程中,正态分布的应用范围很广。一种常见用途是用于分析因磨损(如机械装置)而发生故障的产品。磨损故障往往最接近正态分布,所以正态分布可以有效地预计或估算产品的可靠性;另一种常见用途是对制造的产品及其性能是否符合规范进行分析。即使按照同一规范制造出来的两个零件也不会完全相同,零件的差别会造成由它们所组成的系统产生差别。设计时必须考虑这种差别,否则这些零件差别的综合影响会导致最终系统不符合制造和使用的规范要求;还有一种用途是用于机械可靠性的概率设计。正态分布的密度函数 $f(x)$ 是一条钟形曲线。这条曲线关于直线 $x = \mu$ 是对称的,在 $x = \mu$ 处达到最大值 $1/(\sqrt{2\pi}\sigma)$;而当 $x \to \pm \infty$ 时,有 $f(x) \to 0$,即 x 轴

是 $f(x)$ 的渐近线。

正态分布具有对称性,它的主要参数是均值 μ 和方差 σ^2,正态分布记为 $N(\mu,\sigma^2)$。均值 μ 决定了正态分布曲线的位置,代表分布的中心倾向;而方差 σ^2 决定了正态分布曲线的形状,表示分布的离散程度。方差 σ^2 越大,说明随机变量变异越大,分布距离中心 μ 越不集中。

标准正态分布是为了方便计算。若将正态分布的曲线均值移动到 $\mu=0$,同时令标准差 $\sigma=1$,则可得到标准正态分布,表示为 $N(0,1)$。习惯上把标准正态分布的密度函数记为 $\varphi(z)$,累积分布函数记为 $\Phi(z)$,即

$$\varphi(z)=\frac{1}{\sqrt{2\pi}}e^{-\frac{z^2}{2}}$$

$$\Phi(z)=\int_{-\infty}^{z}\varphi(z)\mathrm{d}z=\frac{1}{\sqrt{2\pi}}\int_{-\infty}^{z}e^{-\frac{z^2}{2}}\mathrm{d}z$$

其中 $\Phi(z)$ 的值可由正态分布表得到。

当遇到一般正态分布 $N(\mu,\sigma^2)$ 时,可将随机变量 X 作一变换 $z=(x-\mu)/\sigma$,化作标准正态分布。任何正态分布都可以用标准正态分布来计算。

正态分布的可靠度函数为

$$R(t)=1-\Phi\left(\frac{t-\mu}{\sigma}\right) \tag{4-8}$$

【例 4-5】 假设发电机的寿命服从正态分布,其 $\mu=300\mathrm{h}$,$\sigma=40\mathrm{h}$。试求当工作时间为 250h 时,发电机的可靠度是多少?

解:已知发电机寿命服从正态分布 $N(300,40^2)$,由式(4-8)可得

$$R(250)=1-\Phi\left(\frac{250-300}{40}\right)=1-\Phi(-1.25)=1-0.11=89\%$$

因此,发电机工作时间 250h 的可靠度为 89%。

3) 对数正态分布

对数正态分布是正态分布随机变量的自然对数 $y=\ln x$,常记为 $\mathrm{LN}(\mu,\sigma^2)$,其累积分布函数为

$$F(x)=\frac{1}{\sigma\sqrt{2\pi}}\int_{0}^{x}\frac{1}{t}\exp\left[\frac{-(\ln t-\mu)^2}{2\sigma^2}\right]\mathrm{d}t \tag{4-9}$$

式中,μ 和 σ 分别是 $\ln x$ 的均值和方差。

x 的均值和方差分别为

$$E(x) = \exp\left(\mu + \frac{\sigma^2}{2}\right)$$

$$\text{Var}(x) = \exp(2\mu + \sigma^2) \cdot [\exp(\sigma^2) - 1]$$

对数正态分布的可靠度函数为

$$R(x) = 1 - \Phi\left(\frac{\ln x - \mu}{\sigma}\right) \tag{4-10}$$

利用对数变换,可以将较大的数缩小为较小的数,且越大的数缩小的效果越明显。这一特性使得较为分散的数据通过对数变换后,可以相对集中起来,所以常把跨越几个数量级的数据用对数正态分布进行拟合。

对数正态分布常用于半导体器件的可靠性分析和某些类型机械零件的疲劳寿命分析,还可用于维修性分析中对维修时间数据的分析。

【例 4-6】 假设炮管寿命服从对数正态分布,$\mu=9$,$\sigma=2$,其中,μ 和 σ 分别是 $\ln x$ 的均值和标准差。求发射 1000 枚炮弹时的可靠度。

解:由式(4-10)可得

$$R(1000) = 1 - \Phi\left(\frac{\ln 1000 - 9}{2}\right) = 1 - \Phi(-1.046) = 1 - 0.15 = 85\%$$

因此,炮管发射 1000 枚炮弹时的可靠度为 85%。

4) 威布尔分布

威布尔分布是一种非线性模型,它是一种通用分布,故在可靠性工程中有非常广泛的应用。通过调整威布尔分布的参数,就可以构成各种不同的分布,为各种不同类型的产品的寿命特征建立模型。威布尔分布可用来描述复杂系统的故障或失效过程,还可以很好地描述产品疲劳等耗损故障,其故障率函数为

$$\lambda(t) = \frac{\alpha}{\beta}\left(\frac{t}{\beta}\right)^{\alpha-1} \tag{4-11}$$

其中 α 是形状参数;β 是尺度参数,且满足 $\alpha>0$,$\beta>0$。

特别地,根据故障率函数表达式的特征,威布尔分布可通过改变参数的方式来实现对产品故障率随时间变化的递减、恒定和递增过程的描述。如4.3.4 节所介绍的适用大部分产品的故障率随时间变化趋势的"浴盆曲线"的三个阶段可由威布尔分布表达,其对应关系如表 4.3 所示。

表 4.3 产品故障期表达

形状参数	尺度参数	故障率变化	故障期
$0<\alpha<1$	$\beta>0$	随时间递减	早期故障期
$\alpha=1$	$\beta>0$	保持不变	偶然故障期
$\alpha>1$	$\beta>0$	随时间递增	耗损故障期

威布尔分布的失效概率密度函数为

$$f(t)=\frac{\alpha}{\beta}\left(\frac{t}{\beta}\right)^{\alpha-1}e^{-\left(\frac{t}{\beta}\right)^{\alpha}} \tag{4-12}$$

当 $\beta=1$ 时,失效概率密度函数为指数函数;当 $\beta=2$ 时,密度函数为瑞利分布;当 $\alpha=3.43927$ 时,威布尔分布逼近于正态分布。威布尔分布的累积失效概率函数 $F(t)$ 为

$$F(t)=1-\exp\left[-\left(\frac{t}{\beta}\right)^{\alpha}\right] \tag{4-13}$$

当 $\alpha>1$ 时,故障率随时间递增,且无上界,可以描述耗损故障期产品的故障率变化;当 $\alpha=1$ 时,故障率为不随时间变化的固定值,可以描述偶然故障期;当 $0<\alpha<1$ 时,故障率单调下降,适用于描述早期故障期产品的故障率变化情况。

随机变量 T 服从威布尔分布,其均值和方差为

$$E(T)=\beta\Gamma\left(1+\frac{1}{\alpha}\right) \tag{4-14}$$

$$\mathrm{Var}(T)=\beta^2\left\{\Gamma\left(1+\frac{2}{\alpha}\right)-\left[\Gamma\left(1+\frac{1}{\alpha}\right)\right]^2\right\} \tag{4-15}$$

其中 $\Gamma(\cdot)$ 为伽马函数,其表达式为

$$\Gamma(n)=\int_0^\infty x^{n-1}e^{-x}\mathrm{d}x$$

【例 4-7】 某铣床刀具在损耗失效期内累积失效概率函数可以用参数 $\alpha=2$、$\beta=1000$ 的威布尔分布进行拟合。试确定该刀具在 300h 后的可靠度以及该刀具寿命 T 的期望和标准偏差。

解:铣床刀具的故障分布函数为威布尔分布,则有

$$R(300)=e^{-\left(\frac{300}{1000}\right)^2}=e^{-0.09}=91.39\%$$

该刀具的平均寿命 $E(T)$ 为

$$E(T) = 1000\Gamma\left(1+\frac{1}{2}\right) = 886.2(\text{h})$$

方差为

$$\text{Var}(T) = 1 \times 10^6 \{\Gamma(2) - [\Gamma(1.5)]^2\} = 214\,649.56$$

故标准偏差为 $\sqrt{\text{Var}(T)} = 463.3(\text{h})$。

5) 伽马分布

伽马分布是一种与威布尔分布类似的分布，同样可以表示较大范围内的失效率函数。伽马分布可以对"浴盆曲线"中三个失效期的失效率函数进行表示。这种失效分布模型可描述产品失效分 n 个阶段发生的状况，还可以描述一个产品中 n 个彼此独立的零部件的失效导致产品整体失效的情况。

伽马分布由两个参数决定，分别为形状参数 α 和尺度参数 β。当 $\alpha > 1$ 时，失效率从 0 单调递增至无穷大；当 $\alpha = 1$ 时，失效率为常值 $1/\beta$，此时伽马分布为指数分布；当 $0 < \alpha < 1$ 时，失效率从 0 时刻的无穷大单调递减至无穷大时刻的 $1/\beta$。

寿命服从伽马分布产品的失效概率密度函数为

$$f(t) = \frac{t^{\alpha-1}}{\beta^{\alpha}\Gamma(\alpha)} e^{-\frac{t}{\beta}}, \quad t > 0 \tag{4-16}$$

当 $\alpha > 1$ 时，失效概率密度函数在 $t = \beta(\alpha-1)$ 时刻有一个极大值，累积失效概率函数为

$$F(t) = \frac{1}{\Gamma(\alpha)} \int_0^{t/\beta} \mu^{\alpha-1} e^{-\mu} d\mu \tag{4-17}$$

此时可靠度函数为

$$R(t) = \frac{1}{\Gamma(\alpha)} \int_t^{\infty} \mu^{\alpha-1} e^{-\mu} d\mu \tag{4-18}$$

当形状参数 α 为整数时，伽马分布变为埃尔朗分布，此时的累积失效概率函数可以改写为

$$F(t) = 1 - e^{-\frac{t}{\beta}} \sum_{k=0}^{n-1} \frac{\left(\frac{t}{\beta}\right)^k}{k!} \tag{4-19}$$

可靠度函数为

$$R(t) = e^{-\frac{t}{\beta}} \sum_{k=0}^{n-1} \frac{\left(\frac{t}{\beta}\right)^k}{k!} \qquad (4\text{-}20)$$

当形状参数 α 为整数时,伽马分布的失效率函数为

$$\lambda(t) = \frac{\frac{1}{\beta}\left(\frac{t}{\beta}\right)^{n-1}}{(n-1)! \sum_{k=0}^{n-1} \frac{\left(\frac{t}{\beta}\right)^k}{k!}} \qquad (4\text{-}21)$$

如果产品的寿命分布为伽马分布,那么该产品寿命 T 的期望为

$$E(T) = \frac{1}{\Gamma(\alpha)\beta^\alpha} \int_0^\infty t^\alpha e^{-\frac{t}{\beta}} dt = \alpha\beta$$

方差为

$$\mathrm{Var}(T) = \alpha(\alpha+1)\beta^2 - \alpha^2\beta^2 = \alpha\beta^2$$

【例 4-8】 某存储重要数据的服务器需要稳定持续地工作,所以为该服务器配备了两套供电设备,这两套供电设备的寿命 T_1、T_2 均服从均值为 100h 的指数分布。在日常使用中,由第一套设备为服务器供电;当第一套设备发生故障时,由第二套设备供电。这两台设备按顺序为服务器进行独立供电。

试计算这套服务器供电系统在 300h 的可靠度和失效率,此外这个系统的平均寿命为多少?

解:因为两台供电设备的寿命均服从参数为 100h 的指数分布,则整个服务器系统的寿命分布服从形状参数为 2、尺度参数为 100 的伽马分布,故有

$$R(300) = e^{-\frac{300}{100}} \sum_{k=0}^{2-1} \frac{\left(\frac{300}{100}\right)^k}{k!} = 19.91\%$$

由式(4-21)可得 300h 的失效率为

$$\lambda(300) = \frac{\frac{1}{100}\left(\frac{300}{100}\right)^{2-1}}{1!\left(1 + \frac{300}{100}\right)} = 0.0075$$

即 300h 的失效率为 0.0075。

故该系统的平均寿命为

$$E(T) = \alpha\beta = 200(h)$$

4.3 可靠性理论的基本介绍

4.3.1 累积失效概率

累积失效概率的实际意义为产品在规定时间内和规定条件下的失效概率,也可以表述为产品在规定时间和条件下不能完成规定功能的概率。累积失效概率也是时间 t 的函数,但是不同于可靠度函数,累积失效概率是关于时间的非减函数,用 $F(t)$ 表示,且满足

$$F(t) = P(T \leqslant t) \tag{4-22}$$

通过式(4-22)可以看出累积失效概率是可靠性函数的补集,即

$$F(t) + R(t) = 1$$

根据可靠度的性质可以知道,当 $t \to 0$ 时,$F(t) \to 0$;而当 $t \to +\infty$ 时,$F(t) \to 1$。即认为产品在刚投入使用时发生故障的概率为 0,而任何产品在没有外界维修或保养时最终都会失效或报废。

【例 4-9】 有 30 只在恒定状态下运行的灯泡,运行记录显示有 2 只灯泡在连续工作 20h 后发生故障,5 只灯泡在连续工作 40h 后发生故障,在 60h 后还有 18 只灯泡正常工作。问在 20h 和 60h 时灯泡的累积失效概率。

解:连续工作 20h,有 2 只灯泡失效,累积失效概率为

$$F(20) = \frac{n_f(20)}{n} = \frac{2}{30} = 6.67\%$$

连续工作 60h,有 12 只灯泡失效,累积失效概率为

$$F(60) = \frac{n_f(60)}{n} = \frac{12}{30} = 40\%$$

4.3.2 失效概率密度函数

失效概率密度函数是累积失效函数关于时间的一阶导数,可以认为是累积失效函数关于时间的变化率,记为 $f(t)$,它表示产品在单位时间内发生故障的概率,其与产品累积失效概率、可靠度的关系如下

$$f(t) = \frac{\mathrm{d}F(t)}{\mathrm{d}t} = F'(t)$$

$$F(t) = \int_0^t f(x)\mathrm{d}x$$

$$R(t) = 1 - F(t) = 1 - \int_0^t f(x)\,\mathrm{d}x$$

根据累积失效概率函数的性质,可知在时间段$[t_1, t_2]$内产品出现故障的概率值可以表示为

$$P(t_1 \leqslant T \leqslant t_2) = F(t_2) - F(t_1) = \int_{t_1}^{t_2} f(x)\,\mathrm{d}x$$

上文总结的可靠度函数$R(t)$、累积失效概率函数$F(t)$及失效概率密度函数$f(t)$之间存在紧密的函数关系,其中可靠度$R(t)$和累积失效概率函数$F(t)$存在互补关系,且失效概率密度函数$f(t)$为累积失效概率函数的一阶导函数,统计意义上三者的关系如图4.3所示。

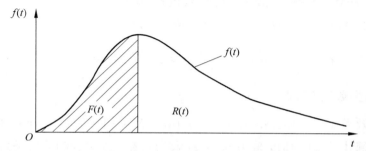

图4.3 可靠度、累积失效概率函数、失效概率密度函数的关系

4.3.3 常用的可靠性参数指标

在对产品的可靠性进行预测、设计、分析和试验的过程中,如何对可靠性进行测量和记录至关重要。本节将重点介绍关于产品可靠性度量的常见参数及计算方法。

1. 故障率(失效率)

故障率(失效率)的定义是产品工作到某时刻尚未发生故障(失效),在该时刻后的单位时间内发生故障(失效)的概率,称为产品的故障(失效)率。故障率一般用$\lambda(t)$表示,其表达式为

$$\lambda(t) = \frac{\Delta r(t)}{N_s(t)\Delta t} \tag{4-23}$$

式(4-23)中,$\Delta r(t)$为t时刻后Δt时间内发生故障的产品数;Δt为所取时间间隔;$N_s(t)$为在t时刻没有发生故障的产品数。

对于低故障率的元器件,常以$10^{-9}/\mathrm{h}$作为故障率的单位,称为菲特(fit)。当产品的故障分布服从指数分布时,故障率为常数,此时的产品可靠度为

$$R(t) = e^{-\lambda t} \tag{4-24}$$

在工程实践中,假设产品的寿命分布服从指数分布的情况有很多,一是复杂产品一般都可用指数分布来表示。理论上可以证明:一个复杂产品不论组成部分的寿命分布各自服从何种类型的分布,只要出故障后提供维修,修后恢复功能,则观察较长时间后,产品的故障分布仍可近似看成指数分布。二是因为指数分布只有一个变量,即故障率。三是因为指数分布无记忆性。因此,上述产品可靠度的表达式(4-24)是一个十分重要的公式。

【例 4-10】 若有一机械零件,试验开始时共投入 1000 个,以小时作为度量时间的单位,在观察到 $t=500h$ 时,发现有 50 个无法正常工作。在观察 $t=501h$ 时又有一个零件发生故障,问此时的故障率是多少?

解:已知 $\Delta t=1$,$\Delta r(t)=1$,$N_s(t)=950$,则

$$\lambda(t) = \frac{1}{950 \times 1} = \frac{1}{950} \approx 0.001/h = 10^6 (\text{fit})$$

2. 平均失效前时间

平均失效前时间(mean time to failure,MTTF)是针对不可修复产品可靠性的一种基本参数,其度量方法可表示为:在规定的时间和条件下,产品寿命单位总数与失效产品总数之比。

设 N 个不可修复产品在相同条件下进行试验,测得其全部失效时间为 $t_1, t_2, \cdots, t_N$,则其平均失效前时间为

$$\text{MTTF} = \frac{1}{N} \sum_{i=1}^{N} t_i \tag{4-25}$$

对于不可修复产品,失效时间就是其产品的寿命时间,故 MTTF 即为不可修复产品的平均寿命。

【例 4-11】 随机抽取 6 个不可修复的产品进行寿命试验,测得它们的失效时间分别是 1000h、1200h、1500h、1800h、2000h、2000h,求该产品的平均失效前时间。

解:由式(4-25)可得

$$\text{MTTF} = \frac{\sum_{i=1}^{6} t_i}{6} = \frac{1000+1200+1500+1800+2000+2000}{6} = \frac{9500}{6}$$
$$= 1583(h)$$

3. 平均故障间隔时间

与不可修复产品的平均失效前时间相对应的是可修复产品的平均故障间隔时间,其计算方法为:在规定的条件下和规定的时间内,产品的寿命单位总数与故障次数之比。

设一个可修复产品在使用过程中发生了 N 次故障,每次故障发生后经修复又重新投入使用,经测量其每次工作的持续时间为 $t_1, t_2, \cdots, t_N$,则其平均故障间隔时间为

$$\text{MTBF} = \frac{1}{N}\sum_{i=1}^{N} t_i = \frac{T}{N} \qquad (4\text{-}26)$$

其中,T 为测量的产品总的工作时间;N 为发生故障的总次数。

对于可完全修复的产品,若假定修复后的状态与新产品的状态相同,有时也可不采用对同一个产品进行 N 次故障的试验和时间记录的方案,而可以通过试验记录 N 个完全相同的新产品均工作到首次发生故障的时间的替代方案。

当产品的寿命分布服从指数分布时,产品的故障率规定为固定常数 λ,即

$$\text{MTBF} = 1/\lambda$$

【例 4-12】 某汽车制造商对其新研发的一款汽车进行寿命试验,记录了该辆汽车在加速使用的情况下故障的连续累积时间数据(单位:月),分别为 0、3.5、5.7、9.4、12.6、15.8、19.2、21.9。试问该新款汽车的平均故障间隔时间。

解:由式(4-26)可得

$$\text{MTBF} = \frac{\sum_{0}^{N} t_{i+1} - t_i}{N+1} = \frac{3.5 + 2.2 + 3.7 + 3.2 + 3.2 + 3.4 + 2.7}{7}$$

$$= \frac{21.9}{7} \approx 3.13(\text{月})$$

即该新款汽车的平均故障间隔时间 MTBF 为 3.13 个月。

4. 平均严重故障间隔时间

在规定的任务条件下,产品任务总时间与严重故障总数之比称为平均严重故障间隔时间(MTBCF)。严重故障也被称为致命故障,一旦发生将导致产品的任务完成进度出现中断和停止,这里要做好严重故障和一般故障的度

量和区分。

5．可靠寿命

在实际工程的应用场景中会对设备或产品的可靠性进行限制，例如海上大型采油钻井在每次作业前需要对设备的零部件情况进行检查和预防性维修，以大大降低产品在使用过程中的故障率或失效率。假设产品的寿命分布和失效概率密度函数 $f(t)$ 已知，那么就可以通过检测产品的寿命来判断是否满足可靠性的限制条件。

这种由给定可靠度来确定的对应的工作时间称为可靠寿命。如前所述，可靠度是关于时间 t 的非增函数，$R(0)=1$，$R(\infty)=0$。寻常的做法是从时间入手，确定当前时刻的可靠度。但从实际工程需求出发，可以先给定产品可靠度 r_0，反过来确定产品寿命 T_{r_0}，这种对于给定可靠度 r_0 而得出的产品寿命称为可靠寿命。由此可得

$$R(T_{r_0})=r_0$$

实际工程问题中的产品可靠寿命可以通过式(4-27)进行确定

$$n_s(T_{r_0})/n=r_0 \tag{4-27}$$

若能无故障运行的产品的比例恰好等于给定可靠度时产品已使用的寿命，此时 T_{r_0} 称为可靠寿命观测值。此外可靠性工程中常用的另外两个寿命特征量分别是特征寿命和中位寿命。其中特征寿命是可靠度 $r=e^{-1}$ 时所对应的时间，记为 $T_{e^{-1}}$，即

$$R(T_{e^{-1}})=e^{-1}\approx 0.368$$

中位寿命是可靠度 $r=0.5$ 时产品对应的寿命时间，称为中位寿命 $T_{0.5}$，即

$$R(T_{0.5})=0.5$$

一般情况下，产品的可靠度与其对应的寿命(用 t 表示)呈负相关关系。

6．贮存寿命

产品在规定的储存条件下，在某一时刻投入使用仍能正常发挥固有性能的最长储存期限称为贮存寿命。贮存寿命在特种装备中是一个非常重要的可靠性参数，因为特种装备一般都需要进行长期的存储，在普通产品特别是寿命周期短的产品类别中一般较少关注和使用。

7. 可用性和可用度

可用性指产品在任意时刻需要和开始执行任务时一样,处于可工作或可使用状态的程度。可用性的概率度量称为可用度。可用性是产品可靠性、维修性和综合保障性水平的综合反映。

产品可用度可表述为产品能工作时间与能工作时间和不能工作时间的总和之比,则有

$$A = \frac{能工作时间}{能工作时间 + 不能工作时间} = \frac{UT(i)}{UT(i) + DT(i)} \quad (4-28)$$

式中,A 为可用度;UT 为能工作时间,包括工作时间、不工作时间(有工作能力)、待机时间;DT 为不能工作时间,包括预防性维修时间、修正性维修时间、管理和保障资源延误时间。

【例 4-13】 设有某一产品,检测并统计其所能工作时间和不能工作时间分别为:$UT(1)=12h, DT(1)=2h, UT(2)=20h, DT(2)=1h, UT(3)=15h, DT(3)=1.5h$。问该产品的可用度为多少?

解: 由式(4-28)可得该产品的可用度为

$$A = \frac{\sum_{i=1}^{3} UT(i)}{\sum_{i=1}^{3} UT(i) + \sum_{i=1}^{3} DT(i)} = \frac{12+20+15}{12+20+15+2+1+1.5} = \frac{47}{51.5} \approx 0.913$$

在工程实际中,能工作时间一般用平均故障间隔时间或平均维修活动间隔时间表示。不能工作的时间受很多因素的影响,必须进行具体分析。

(1) 产品使用中发生故障需进行修正性维修,一般用平均维修时间(MTTR)表示。

(2) 产品经过一定时间使用后必须按规定进行维护保养,即预防性维修,一般用平均预防性维修时间(MTTP)来表示。

(3) 在维修活动过程中可能会遇到管理和保障资源不到位的延误,一般用平均管理和保障延误时间(MTMLD)来表示。

考虑不能工作时间的不同,可用度一般可分为固有可用度、可达可用度和使用可用度。

(1) 固有可用度 A_i。

固有可用度(inherent availability)是产品研制方能够通过设计加以控制

的,可以作为产品研制的合同要求。它仅与 MTBF 和 MTTR 有关。提高固有可用度只能从延长 MTBF(即提高可靠性)和缩短 MTTR(即提高维修性)两个方面努力。

(2) 可达可用度 A_a。

可达可用度 A_a(achieved availability)的表达式如下

$$A_a = \frac{\text{MTBMA}}{\text{MTBMA} + \text{MTTR} + \text{MTTP}} \tag{4-29}$$

(3) 使用可用度 A_o。

使用可用度 A_o(operational availability)的表达式如下

$$A_o = \frac{\text{MTBMA}}{\text{MTBMA} + \text{MTTR} + \text{MTTP} + \text{MTMLD}} \tag{4-30}$$

使用可用度在可达可用度的基础上增加了管理和保障资源延误时间,是产品在实际使用条件下表现出的真实可用性水平。使用可用度一般用于新产品论证和使用过程的评估。

由上可知,提高可用性一般有以下方法,一方面是提高可靠性,延长 MTBF 或 MTBMA;另一方面是提高维修性和保障性,缩短 MTTR、MTTP 和 MTMLD。

4.3.4 产品故障率浴盆曲线

产品的故障率 $\lambda(t)$ 是关于时间的函数,且大多数产品的故障率随时间变化的趋势都呈"浴盆"状,形象地称为故障浴盆曲线。按照产品故障率随时间变化的增减性,可将其分为三个阶段,分别是早期故障期(A)、偶然故障期(B)和耗损故障期(C),见图 4.4。

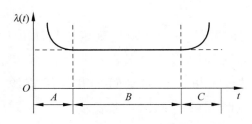

图 4.4 产品故障率浴盆曲线

1. 早期故障期

早期故障期表明产品在使用初期故障率较高,但随着工作时间的增加,故障率迅速降低。该阶段产品的失效通常是由于设计和生产过程的缺陷造成的。随着近年来制造技术的提升以及制造过程中各种可靠性试验手段的不断完善,产品早期故障期的时间有变短甚至消失的趋势。以新车为例,由于先进的制造工艺、高精密度的零部件加工以及汽车出厂前的冷磨合,现在所需要的磨合期已从早期的几千千米下降至一千千米甚至更短。

2. 偶然故障期

偶然故障期也称随机故障期,该阶段的特点是故障率通常较低且比较稳定,往往可近似看作常数。产品可靠性指标所描述的就是这一阶段。该时期是产品的良好使用期,失效主要原因是质量缺陷、材料弱点、环境和使用不当等因素。对于复杂产品或产品系统,可通过维修、保养乃至大修等相关维护活动来延长偶然故障期,以最大化产品或系统的寿命。

3. 耗损故障期

在耗损故障期,产品故障率随时间的增加而急剧上升,通常是由磨损、疲劳、老化和耗损等因素引起的。工业品进入耗损故障期后,其故障时间间隔显著降低,产品可用性变差,维修维护成本增加,直接影响到运营系统的效率和经济性。对于消费品来说,进入耗损故障期后,产品性能和经济性变差。典型的如家用汽车进入耗损故障期后,不但故障数会增加,而且油耗等也会上升。产品的经济寿命就是考察产品继续使用的经济性,以确定是继续使用该产品还是进行报废更新。

并不是所有产品在其生命周期内的故障率函数都如图 4.4 所示的"浴盆曲线"那样变动。例如大多数电子元器件不会出现耗损故障期,其故障率会从早期故障期开始逐渐降低到常数,并不再变动。相比之下,一些机械设备不存在偶然故障期,它们会从早期故障期逐渐过渡到耗损故障期。此外,同一产品不同组成部件的每个故障阶段的时间长度也可能不同。

顾客购买和使用产品的目的是希望产品能够在更长的时间内以更低的故障率去高效地完成规定的任务,因此,产品故障浴盆曲线的三个故障阶段并不是顾客的理想状态。而从事可靠性工作的工程师或相关人员的工作目标就是尽量优化浴盆曲线。更精确地说,就是通过一系列可靠性的设计和方法尽量缩短早期故障期,延长偶然故障期且降低恒定故障率。

从质保的角度来看,由于质保期相对于产品寿命周期较短,因此基础质保主要涵盖早期故障期和偶然故障期。但近年来,市场竞争使得产品基础质保期有延长的趋势,加之延保的销售,使得质保期有可能涵盖到耗损故障期。这是企业在制定质保政策和设计延保时需要关注的问题。

4.4 产品的可靠性要求

产品的可靠性要求是开展可靠性设计、分析和试验工作的依据,也是产品研发结束前定型阶段或设计与开发确认阶段对产品进行考核与验证的依据。根据"需要"和"可能"的原则,科学、合理地确定可靠性要求是产品研发过程中开展一系列可靠性工作的前提。有了可靠性的要求,研发中的可靠性工作才有目标和动力;研发结束前要进行可靠性考核,这样可靠性工作才会有"压力"。

可靠性要求一般分为可靠性定性要求和可靠性定量要求两方面。

1. 可靠性定性要求

可靠性定性要求是从产品的使用效果出发,通过非量化的形式来表达对产品可靠性的要求。一般的适用条件是对产品可靠性数据无具体要求,且缺乏大量准确的历史数据提供支持。可靠性的定性要求也是产品设计工程中的重要依据之一。

可靠性定性要求一般分为降低复杂度、冗余设计、运用成熟技术、零部件的选择与控制、环境适应程度、降额设计、人机合作共七个方面,具体介绍如表4.4所示。

表4.4 可靠性定性要求

定 性 要 求	目 的
降低复杂度	在满足产品功能的前提下,尽量将产品的外形、结构设计简单化,提升可靠性
冗余设计	对特殊产品、任务和部件采用冗余设计,以便在某一部分损坏时,仍能继续执行工作
运用成熟技术	在产品设计和制造时,尽量采用经过工程实践检验的技术和工具
零部件的选择与控制	正确选择零部件,从设计上加以控制,减少故障率
环境适应程度	根据产品具体的适用环境,选择适合的耐压、耐腐蚀材料等
降额设计	降低产品运转负荷标准值,提高安全性
人机合作	产品的实际操作程序和环境要符合真实人员操控的需求

2. 可靠性定量要求

与产品可靠性定性要求相对应的是可靠性定量要求，即对产品设计、使用、试验验证等可靠性的要求通过模型、具体参数、试验指标等量化的形式表达出来，一般有以下五种。

（1）目标值。目标值指期望产品达到的使用指标。

（2）门限值。门限值指产品必须达到的使用指标。

（3）规定值。规定值指研制总要求和研制任务书中规定的期望产品达到的合同指标。

（4）最低可接受值。最低可接受值指研制总要求和研制任务书中规定的产品必须达到的最低可接受限。

（5）验证值。验证值指验证产品的可靠性是否达到顾客的期望。

4.5 参数估计与非参数估计

在可靠性工程中，数理统计是进行数据整理和分析的基础，其基本内容是统计推断。随机变量的概率分布虽然能很好地描述随机变量，但通常不能对研究对象的总体都进行观测和试验，只能从中随机地抽取一部分子样进行观察和试验，获得必要的数据，进行分析处理，然后对总体的分布类型和参数进行推断。

参数估计方法是数理统计学的一门重要分支，它是一种基于客观数据来推测事件统计学规律的数学方法，在总体服从的统计学分布已知、具体分布参数未知的假设前提下，通过对总体中随机抽取的样本进行统计学分析。因此，统计推断是参数估计的核心问题，它是根据对样本的数字特征而做出的科学、合理的判断。

参数估计有以下三个特点。

（1）无偏性。无偏性指参数估计结果的抽样分布的数学期望与被估计总体分布的已知参数的真值相同。

（2）一致性。一致性指样本容量越大，参数估计结果的精准度越接近总体参数的真值。

（3）有效性。有效性指参数估计结果与被估计总体的已知参数的离散程度、方差常被用来描述估计量的离散程度，方差值越小，说明估计量的离散程度越小,更有效。

参数估计方法分为点估计与区间估计两种。点估计指基于样本值推断出总体分布中包含的未知参数值等;区间估计指基于样本值推断出总体分布中包含的未知参数存在的可能区间。

总体指研究对象的全体,也称为母体。

个体是组成总体的每个基本单元。

样本指在总体中随机抽取的部分个体,也称子样。

样本值指在每次抽样之后测得的具体的数值,记为 $x_1, x_2, \cdots, x_n$。

样本容量指样本所包含的个体的数目,记为 n。

随机抽样指不掺入人为的主观因素倾向而具有随机性的抽样方式,具有代表性和独立性。

样本统计量指样本 $x_1, x_2, \cdots, x_n$ 是从母体 X 中随机抽取的。它包含母体的各种信息,因此样本是很宝贵的。若不对样本进一步地提炼和加工处理,母体的各种信息仍被分散在样本中。为了充分利用样本所包含的各种信息,可以把样本加工成一些统计量,如下所示。

(1) 样本均值 $\bar{x} = \frac{1}{n} \sum_{i=1}^{n} x_i$,它集中反映了母体数学期望的信息。

(2) 样本方差 $S^2 = \frac{1}{n-1} \sum_{i=1}^{n} (x_i - \bar{x})^2$,它集中反映了母体方差的信息。

(3) 样本极差 $R = \max(x_1, x_2, \cdots, x_n) - \min(x_1, x_2, \cdots, x_n)$,它可以粗略地估计母体的分散程度,$R$ 越大越分散。但不能直接用于估计母体的方差。

4.5.1 点估计

对母体参数的点估计,指用一个统计量的单一值去估计一个未知参数的数值。

如果 X 是一个具有概率分布 $f(x)$ 的随机变量,样本容量为 n,样本值为 $x_1, x_2, \cdots, x_n$,则与其未知参数 θ 相应的统计量 $\hat{\theta}$ 称为 θ 的估计值。这里 $\hat{\theta}$ 是一个随机变量,因为它是样本数据的函数。在样本选定后,就能得到一个确定的 $\hat{\theta}$ 值,这就是 θ 的点估计。

在点估计的解析法中,有很多的方法可以选择,如矩估计法、最小二乘法、极大似然估计法、最好线性无偏估计法、最好线性不变估计法、简单线性无偏估计法和不变估计法等。矩估计法只适用于完全样本；最好线性无偏估计法和不变估计法已有国家标准 GB 2689.4—1981《寿命试验和加速寿命试验的最好线性无偏估计法（用于威布尔分布）》，但只适用于定数截尾的情况，在一定的样本量下有专用表格；极大似然估计法和最小二乘法适用于所有的情况，其中极大似然估计法是精度最好的方法。

1. 极大似然估计法

极大似然估计法（maximum likelihood estimate，MLE）是一种重要的估计方法，它利用总体分布函数表达式及样本数据这两种信息来建立似然函数。它具有一致性、有效性和渐进无偏性等优良性质。

设 $X_1,X_2,\cdots,X_n$ 是来自总体 X 的样本，$x_1,x_2,\cdots,x_n$ 是样本值，θ 是待估计参数。对于给定的样本值，使似然函数 $L(x_1,x_2,\cdots,x_n;\theta)$ 达到最大值的参数值 $\hat{\theta}=\hat{\theta}(x_1,x_2,\cdots,x_n)$ 称为未知参数 θ 的极大似然估计值，相应的 $\hat{\theta}=\hat{\theta}(X_1,X_2,\cdots,X_n)$ 称为 θ 的极大似然估计量，一般统称为 θ 的极大似然估计，这种方法称为极大似然估计法。

极大似然估计法的基本步骤如下。

步骤 1：写出样本似然函数。

对于离散总体 X，设其概率分布为 $P\{X=a_i\}=p(a_i;\theta),i=1,2,\cdots,n$，称函数

$$L(\theta)=L(x_1,x_2,\cdots,x_n;\theta)=\prod_{i=1}^{n}p(x_i;\theta)$$

为参数 θ 的样本似然函数。

对于连续总体 X，设其概率密度函数为 $f(x;\theta)$，则称函数

$$L(\theta)=L(x_1,x_2,\cdots,x_n;\theta)=\prod_{i=1}^{n}f(x_i;\theta) \quad (i=1,2,\cdots,n)$$

为参数 θ 的样本似然函数。

步骤 2：列出似然方程或似然方程组。

在很多情形下，$p(x;\theta)$ 和 $f(x;\theta)$ 关于 θ 可微，这时 $\hat{\theta}$ 往往可从似然方程

$$\frac{\mathrm{d}L(\theta)}{\mathrm{d}\theta}=0$$

中解得。

因 $L(\theta)$ 与 $\ln L(\theta)$ 在同一 θ 处取到极值，因此，θ 的极大似然估计 $\hat{\theta}$ 也可

以从对数似然方程

$$\frac{\mathrm{d}\ln L(\theta)}{\mathrm{d}\theta}=0$$

中解得。

极大似然估计法也适用于分布中含有多个未知参数 $\theta_1,\theta_2,\cdots,\theta_k$ 的情况，这时，似然函数 L 是这些未知数的函数，令

$$\frac{\partial L}{\partial \theta_i}=0, \quad i=1,2,\cdots,k \tag{4-31}$$

或令

$$\frac{\partial \ln L}{\partial \theta_i}=0, \quad i=1,2,\cdots,k \tag{4-32}$$

这 k 个方程组成方程组，就可得到各未知参数 $\theta_i(i=1,2,\cdots,k)$ 的极大似然估计值 $\hat{\theta}_i$。方程组(4-31)或(4-32)称为似然方程组或对数似然方程组。

步骤 3：似然方程组的求解。

求解似然方程组即可得到 $\hat{\theta}$。但有时，使 $L(\theta)$ 或 $\ln L(\theta)$ 达到最大值的 $\hat{\theta}$ 不一定是 $L(\theta)$ 或 $\ln L(\theta)$ 的驻点，这时不能用似然方程来求解，应采用其他方法求参数的极大似然估计值。

【例 4-14】 设一个台灯生产商从某批台灯中随机抽取 10 个台灯来对灯管进行寿命试验，测得灯管寿命（单位：h）数据如下：

    1050 1100 1080 1120 1200
    1250 1040 1130 1300 1200

假设灯管的寿命服从指数分布 $E(\lambda)$，求参数 λ 的极大似然估计值。

解：由总体 X 服从指数分布可知其概率密度函数为

$$f(x;\lambda)=\begin{cases}\lambda e^{-\lambda t}, & x>0 \\ 0, & x\leqslant 0\end{cases}$$

则关于参数 λ 的似然函数为

$$L(\lambda)=\prod_{i=1}^{10}f(x_i;\lambda)=\begin{cases}\lambda^{10}\exp-\lambda\sum_{i=1}^{10}x_i, & x_i>0; i=1,\cdots,10 \\ 0, & \text{其他}\end{cases}$$

当 $L(\lambda)>0$ 时，有

$$\ln L(\lambda) = 10\ln\lambda - \lambda \sum_{i=1}^{10} x_i$$

令

$$\frac{\mathrm{d}\ln L(\lambda)}{\mathrm{d}\lambda} = \frac{10}{\lambda} - \sum_{i=1}^{10} x_i = 0$$

求得

$$\hat{\lambda} = \frac{10}{\sum_{i=1}^{10} x_i} = \frac{1}{1147}$$

故 λ 的极大似然估计值为 $\frac{1}{1147}$。

2. 基于二维质保数据的极大似然估计法

在制造业领域,产品的质保数据提供了产品质量和可靠性相关的重要信息。通过对质保数据的搜集与分析,制造商可准确定位导致产品故障或失效的内外部原因。同时,基于质保数据的分析,也可以预测未来产品的索赔数量和成本,从而对产品做出召回、维修、赔偿等决策。随着产品特征的多样化和用户使用行为的差异化,相比较只考虑单一维度,如使用时间的一维质保政策,越来越多的产品开始采取同时考虑使用时间和使用量双重维度的二维质保政策。甚至对于复杂产品,通常提供多维质保政策。例如着陆次数、购买时间和飞行时间构成了飞机的三维质保政策。

图4.5显示了二维质保政策下四种典型的产品故障形态,产品Ⅰ和产品Ⅲ的失效发生在基础质保范围内,制造商可以得到具体的失效时间和相应的累积使用度。但产品Ⅰ代表高使用率的产品,在累积使用度维度上先出质保;而产品Ⅲ代表低使用率的产品,在寿命维度上终止质保服务。产品Ⅱ的失效发生在基础质保范围之外,产品Ⅳ在整个生命周期内并未发生失效。此类数据称为右删失数据,即具体的失效时间和失效时的累积使用度是未知的。

本节假设同一生产批次的产品共有 N 个,且销售延迟并不影响产品可靠性。在 N 个产品中,总计共有 C 个产品的首次失效发生在基础质保范围内,定义 (t_i, u_i) 为第 i 个产品发生首次失效时的使用时间和累积使用度,其中 $i = 1, 2, \cdots, C$;剩下的 $N - C$ 个产品的首次失效时间和累积使用度是未知的。

在产品的可靠性分析中,极大似然估计得到了广泛的应用。极大似然估

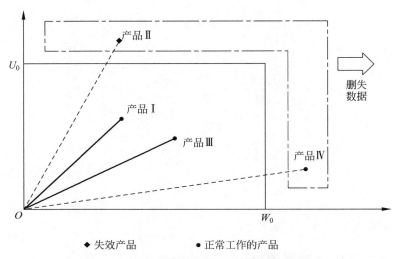

图 4.5 二维质保政策下四种典型的故障形态

计是一种具有理论性的点估计法,此方法的基本思想是:当在模型总体中随机抽取 n 组样本观测值后,最合理的参数估计量应该使得从模型中抽取 n 组样本观测值的概率最大。

假设首次失效时间和相应的累积使用度 (T,U) 的概率密度函数为 $f(t,u)$,分布函数为 $F(t,u)$,且 $t,u>0$,Θ 为可靠性模型的参数。基于失效数据和删失数据的极大似然信息可得似然函数为

$$L(\theta)=\prod_{i}^{N}L_i(\Theta;t_i,u_i)=\prod_{i}^{N}[f(t_i,u_i;\Theta)]^{\delta_i}[1-F(W_0,U_0;\Theta)]^{1-\delta_i}$$

(4-33)

其中,当 (t_i,u_i) 是完全数据时,$\delta_i=1$;当观测到的是删失数据时,$\delta_i=0$。对式(4-33)两边同时取对数,则有

$$\log L(\Theta)=\sum_{i=1}^{C}\log f(t_i,u_i;\Theta)+\sum_{i=1}^{N-C}\log[1-F(W_0,U_0;\Theta)]$$

在可靠性研究领域通常假设产品的第一次失效服从威布尔分布。若 T_0 服从尺度参数为 α_0、形状参数为 β_0 的威布尔分布,则 T_r 服从尺度参数为 $\alpha_0(r_0/r)^\gamma$、形状参数为 β_0 的威布尔分布。T_r 的分布函数记为 $F(t,\alpha_r,\beta_r)$,则有

$$F(t,\alpha_r,\beta_r)=F_{r_0}[(r/r_0)^\gamma t,\alpha_0,\beta_0]$$

(4-34)

相应的概率密度函数和可靠度函数为

$$f(t_r) = \frac{\beta_0}{\alpha_0(r/r_0)^\gamma}\left(\frac{t_r}{\alpha_0(r/r_0)^\gamma}\right) \exp\left[-\left(\frac{t_r}{\alpha_0(r/r_0)^\gamma}\right)^{\beta_0}\right] \quad (4\text{-}35)$$

$$R(t_r) = 1 - F(t_r) = \exp\left[-\left(\frac{t_r}{\alpha_0(r/r_0)^\gamma}\right)^{\beta_0}\right] \quad (4\text{-}36)$$

假设产品的首次失效服从威布尔分布,则 $\log L(\Theta)$ 可表达为

$$\log L(\Theta) = \sum_{i=1}^{C}\left[\log\beta_0 + \beta_0\log\alpha_0 + (\beta_0-1)\log t_i + \beta_0\gamma(\log r_i - \log r_0) + \left(\frac{t_i}{\alpha_0}\right)^{\beta_0}\left(\frac{r_i}{r_0}\right)^{\beta_0\gamma}\right] - \sum_{i=1}^{N-C}\left(\frac{W_0}{\alpha_0}\right)^{\beta_0}\left(\frac{r_i}{r_0}\right)^{\beta_0\gamma} \quad (4\text{-}37)$$

在通常情况下,对式(4-33)~式(4-37)中的各参数求一阶偏导数,并令其为 0,便可得到一个方程组。最后用解方程组的方法即可求出参数的极大似然估计。然而,上述方程较为复杂,直接求解较为困难。Wang 和 Yang 提出不直接最大化似然函数,而是将参数估计问题转化为一个优化问题。约束条件下求极小值非线性规划问题的数学模型为

$$\begin{cases} \min(-\log L) \\ \text{s.t. } \alpha_0 > 0, 0 < \beta_0 < 10, \gamma \geqslant 1 \end{cases} \quad (4\text{-}38)$$

其中,目标函数为负的对数似然函数,决策变量即为模型参数。结合工程计算预期解,设尺度参数 $\alpha_0 > 0$,形状参数 $0 < \beta_0 < 10$,加速因子 $\gamma \geqslant 1$。原则上来说,结合极大似然估计和非线性约束规划法可获得参数估计值。

然而,在实际应用中,删失数据占质保数据的比重通常高于 50%,给模型求解增添了较大难度。以上方法求得的估计值与实际值之间相差较大,难以建立精确的可靠性模型。在这种情况下,需要寻找新的参数估计方法。

随机期望-极大化算法(stochastic expectation-maximization algorithm,SEM)是求参数极大似然估计的一种方法,它可以从非完整数据集中对参数进行极大似然估计,是一种较为简单实用的学习算法。该方法被广泛地应用于处理缺损数据、截尾数据、带有噪声等所谓的不完全数据。尽管期望极大化算法(expectation-maximization algorithm,EM)是在缺失数据等不完全数据下进行参数的极大似然估计的一种行之有效的方法,但它对初始值较为敏感,容易陷入局部最优。SEM 算法的提出恰好弥补了 EM 算法的不足。SEM 算法用给定条件分布下随机生成的观测值取代缺失数据,通过迭代最大

化完整数据的对数似然函数的期望来最大化包含不完整数据的对数似然函数。

利用 SEM 算法实现二维质保产品的可靠性模型的参数估计,基本步骤如下。

(1) 假定集合 S_0 和 S_1 分别代表完全数据集和删失数据集,S_0 中包含了 C 个产品在质保范围内的首次失效时间和相应的累积使用度,S_1 包含了 $N-C$ 个右删失数据。令 $(\alpha_0,\beta_0,\gamma)^k$ 为第 k 次迭代后获得的参数估计值,则在第 $k+1$ 次迭代后,用新的 $(\alpha_0,\beta_0,\gamma)^{k+1}$ 取代原有的参数估计值 $(\alpha_0,\beta_0,\gamma)^k$。

(2) 在第 k 次迭代时,随机生成观测值取代删失数据。从条件分布 $\{S_1|S_0,(\alpha_0,\beta_0,\gamma)^{k+1}\}$ 中随机生成 $S_1^k=\{t_j^k,r_j^k\}(j=1,2,\cdots,N-C)$ 取代原先的删失数据,完全数据的对数似然函数记为

$$h(S_0,S_1;\Theta)=\sum_{i=1}^{C}\log f(t_i,r_i)+\sum_{j=1}^{N-C}\log f(t_j^k,r_j^k)$$

(3) 通过最大化 $h(S_0,S_1;\Theta)$ 来获得新的 $(\alpha_0,\beta_0,\gamma)^{k+1}$。

通过不断交替(2)(3)两个步骤,SEM 算法逐渐改进模型中的参数,使参数和训练样本的似然概率逐渐增大,最后终止于一个极大值点。SEM 算法可被看作一个逐次逼近算法:事先并不知道模型参数,在给定的条件分布下随机选择一套参数或者事先设定某个初始参数;确定出对应于此组参数的最可能的状态,计算出每个训练样本的可能结果的概率;在当前的状态下再由样本对参数进行修正,重新估计参数,并在新的参数下重新确定模型的状态。这样,通过多次迭代、循环至收敛,就可使得模型中的参数估计值逐渐逼近真实值。

值得注意的是,本小节利用简单的接受拒绝法(acceptance-rejection method)生成 S_1^k,直到从 $f(t,r|\Theta^k)$ 生成的 (t,r) 满足 $t>W_0,r_{\min}<r<r_{\max}$ 为止。为了获取精确的参数估计值,须经过若干次迭代。一般来说,前期迭代所得的估计值是不稳定的,最终的参数估计值是后期多次迭代后的均值。Ye 指出,迭代 1000 次后可获得较稳定的参数估计值,但前 100 次迭代所得的参数估计值波动较大,须先剔除。

在二维质保政策下,SEM 算法在条件分布的基础上用随机产生的产品失效时间和累积使用度代替了原先的删失数据,提高了参数估计的精度。

3. 常用于质保数据参数点估计的其他方法

在对质保数据进行参数点估计的过程中,除极大似然估计法之外,矩估计法、最小二乘估计、贝叶斯估计等都是较为常用的方法。下面对这些方法进行简要的介绍。

1) 矩估计法

矩估计法(moment estimation,ME)是指用概率论中的样本矩来估算总体中待估计参数的方法,最简单的矩估计法就是辛钦大数定律,用一阶样本原点矩来估计总体的数学期望,利用二阶样本中心矩来估计总体的方差。

矩估计法简单、直接、方便,可以在不确定总体分布的前提下进行数学期望与方差的估计。但矩估计法的估计量实际上只集中了总体的数据信息,在估计总体分布特性时往往不够理想,只有当样本容量足够大时,按照大数定律的理论所得出的估计结果准确度才较高。因此,矩估计法一般适用于大样本数据的情形下。

以常用来描述产品寿命特征的威布尔分布为例,威布尔分布参数的矩估计定义为

$$\mu_k = \int_0^\infty [R(t)^k] \mathrm{d}t = (\eta/k^{1/\beta})\Gamma(1+1/\beta)$$

此威布尔矩是形状参数为 β、尺度参数为 η 的函数。根据定义可以计算出样本矩 m_k 为

$$m_k = \sum_{i=0}^{N-1}(1-i/n)^k(t_{i+1}-t_i), \quad t_0 = 0$$

此样本矩是样本数据的函数,参考一阶样本原点矩与二阶样本中心矩的定义,令 $m_k = \mu_k, k=1,2,4$,可得

$$\beta = \ln 2/\ln[(\mu_1-\mu_2)/(\mu_2-\mu_4)]$$
$$\mu = \mu_1/\Gamma(1+1/\beta)$$

此种方法可以将估计值通过威布尔的解析函数表达出来,避免了采用隐函数需要迭代求解的问题。

2) 最小二乘估计法

最小二乘估计法(least square estimation,LSE)是通过构造样本回归函数并利用最小二乘法则进行函数参数拟合,使得函数值尽量接近总体回归函数值的估计方法。最小二乘估计法比较简洁且易于观察,但其估计精度也受

到最小二乘方差计算方式的影响。已有相关学者研究证明在一定的情形下，最小二乘估计法的效果比极大似然估计法更好。

最小二乘估计法需要构造一个线性回归方程来完成参数估计。假设样本值自变量 x_i 和因变量 y_i 可以构成一对离散的二维向量数据 (x_i, y_i)，其中 $i=1,2,\cdots,N$，通过一个线性回归方程 $y=Ax+B$ 可以将 x_i 和 y_i 联系起来，其总体偏差为

$$S(A,B)=\sum_{i=1}^{N}e_i^2=\sum_{i=1}^{N}(y_i-Ax_i-B)^2$$

选择 A、B 的值使 $S(A,B)$ 的值最小化，就可以得到关于参数 A、B 的最小二乘的估计结果。其中，威布尔分布的线性回归方程可以通过累积分布函数变换所得。威布尔分布函数为

$$F(t_i)=1-\exp\left[-\left(\frac{t_i}{\eta}\right)^\beta\right]$$

进行变换后可得

$$\ln\left\{\ln\left[\frac{1}{1-F(t_i)}\right]\right\}=\beta(\ln t_i-\ln\eta)$$

令

$$\begin{cases}x_i=\ln t_i\\ y_i=\ln\left\{\ln\left[\dfrac{1}{1-F(t_i)}\right]\right\}\end{cases}$$

可得 $y=\beta(x-\ln\eta)$，因此 A 对应式中的 β。相应地，B 对应式中的 $-\beta\ln\eta$。求得 A、B 的参数估计值后便可计算出 β 和 η。

最小二乘估计法是以构造经验分布函数为基础的一种参数估计方法，而构造经验分布函数可以采用平均秩或者近似中位秩公式计算。其中，平均秩次法(mean rank order estimation，MROE)是一种提高经验分布函数计算精度的方法，其基本原理是：对于一组截尾的寿命样本数据，由于寿命长短不同，导致某些样本在试验结束时仍然未发生故障，因此就需要根据故障样本数据和试验结束时的样本数据来估计所有可能的秩次并求解平均秩次，然后带入中位秩计算公式计算其经验分布函数的具体结果。其中，平均秩增量公式为

$$\begin{cases} \Delta A_i = \dfrac{N+1-A_{i-1}}{N-k+2} \\ A_i = A_{i-1} + \Delta A_i \end{cases}$$

其中 N 为样本数量；k 为样本的排序号；i 为样本的顺序号；A_i 为样本的平均秩次。

得到新的平均秩次 A_i 后，可以代入中位秩公式计算分布函数为

$$F_n(x_i) = \dfrac{A_i - 0.3}{N + 0.4}$$

由此可以确定样本经验分布函数的信息，然后利用最小二乘估计法就可以得到 β 和 η。

3) 贝叶斯估计法

贝叶斯统计分析的基本目标是将不同来源的信息应用到一组数据分析中。这些信息通常称为先验信息，可能是历史研究数据、主观输入等，方法是用最新数据更新分析和结论。

贝叶斯估计法的关键就在于贝叶斯理论。它表达了条件概率之间的关系，在其最简单的形式中包含两个可能的事件 C 和事件 D，定理指出

$$P(C \mid D) = \dfrac{P(D \mid C)P(C)}{P(D)} \tag{4-39}$$

对于索赔数据来说，其信息源具有多种类、多级别的特征，并且可能包含设计因素（如可靠性目标值）、零件和产品测试数据、可靠性主观评估、质量保证数据、相似产品信息、基于先前所收集的索赔数据的估计等。这些信息可通过先验分布应用到分析中，作为需要估计的未知参数的概率分布。贝叶斯定理可用于获得后验分布，而后验分布可用来获得参数的贝叶斯估计。

4) 基于截尾样本的极大似然估计

极大似然估计量通过求得极大似然函数得到，似然函数定义为随机样本观测值的联合分布。应用极大似然估计法的理由在于极大似然原理，该原理主要是令参数的观测值最大概率地接近实际值。极大似然估计法的最佳性取决于一定的正则条件，条件包括首先必须定义要素 θ 的对数似然函数的前二阶导数；其次，$I(\theta)$ 不能为 0，且必须是要素 θ 的连续值。在这些条件下，极大似然估计值呈一致、渐近无偏、渐近有效且渐近正态分布。

在研究产品的可靠性时，需要研究产品寿命 T 的各种特征。产品寿命 T

是一个随机变量,它的分布称为寿命分布。为了对寿命分布进行统计推断,就需要通过产品的寿命试验来取得产品的寿命数据。

一种典型的寿命试验过程是:将随机抽取的 n 个产品在时间 $t=0$ 时,同时投入试验过程,直到每个产品都出现失效;记录每一个产品的失效时间,这样得到的样本(即由所有产品的失效时间 $0 \leqslant t_1 \leqslant t_2 \leqslant \cdots \leqslant t_n$ 所组成的样本)叫作完全样本。然而,产品的寿命往往较长,由于时间和各种资源的限制约束,我们不可能在工程实际中得到理想的完全样本,于是就考虑截尾寿命试验。

截尾寿命试验常用的形式有两种。

一种是定时截尾寿命试验。假设将随机抽取的 n 个产品在时间 $t=0$ 时同时投入试验,试验进行到事先规定的截尾时间 t_0 时停止试验。如果试验截止时共有 m 个产品失效,它们的失效时间分别为

$$0 \leqslant t_1 \leqslant t_2 \leqslant \cdots \leqslant t_m \leqslant t_0$$

此时 m 是一个随机变量,所得的样本 $t_1, t_2, \cdots, t_m$ 称为定时截尾样本。

另一种是定数截尾寿命试验。假设将随机抽取的 n 个产品在时间 $t=0$ 时同时投入试验,试验进行到有 m 个(m 是事先规定的,$m<n$)产品失效时停止。其中 m 个失效产品的失效时间分别为

$$0 \leqslant t_1 \leqslant t_2 \leqslant \cdots \leqslant t_m$$

这里 t_m 是第 m 个产品失效的时间,t_m 是随机变量。所得的样本 $t_1, t_2, \cdots, t_m$ 称为定数截尾样本。

用截尾样本来进行统计推断是可靠性研究中常见的方法。

假设产品的寿命分布服从指数分布,其概率密度为

$$f(t) = \begin{cases} \dfrac{1}{\theta} \mathrm{e}^{-t/\theta}, & t > 0 \\ 0, & t \leqslant 0 \end{cases}$$

其中 $\theta > 0$ 未知。

设有 n 个产品投入到定数截尾寿命试验,截尾数为 m,得定数截尾样本 $0 \leqslant t_1 \leqslant t_2 \leqslant \cdots \leqslant t_m$,现在要利用这一样本来估计未知参数 θ(即产品的平均寿命)。在时间 $[0, t_m]$ 内有 m 个产品失效,而有 $n-m$ 个产品在 t_m 时尚未出现失效,即有 $n-m$ 个产品的寿命超过 t_m。我们用极大似然估计法来估计 θ。为了确定似然函数,需要知道上述观察结果出现的概率。我们知道一个产品

在 $(t_i, t_i + \mathrm{d}t_i]$ 失效的概率近似为 $f(t_i)\mathrm{d}t_i = \frac{1}{\theta}\mathrm{e}^{-t_i/\theta}\mathrm{d}t_i, i = 1,2,\cdots,m$，其余 $n-m$ 个产品寿命超过 t_m 的概率为 $\left(\int_{t_m}^{\infty} \frac{1}{\theta}\mathrm{e}^{-t/\theta}\mathrm{d}t\right)^{n-m} = (\mathrm{e}^{-t_m/\theta})^{n-m}$。故上述观察结果出现的概率近似为

$$\binom{n}{m}\left(\frac{1}{\theta}\mathrm{e}^{-t_1/\theta}\mathrm{d}t_1\right)\left(\frac{1}{\theta}\mathrm{e}^{-t_2/\theta}\mathrm{d}t_2\right)\cdots\left(\frac{1}{\theta}\mathrm{e}^{-t_m/\theta}\mathrm{d}t_m\right)(\mathrm{e}^{-t_m/\theta})^{n-m} =$$

$$\binom{n}{m}\frac{1}{\theta^m}\mathrm{e}^{-\frac{1}{\theta}[t_1+t_2+\cdots+t_m+(n-m)t_m]}\mathrm{d}t_1\mathrm{d}t_2\cdots\mathrm{d}t_m$$

其中 $\mathrm{d}t_1, \mathrm{d}t_2, \cdots, \mathrm{d}t_m$ 为常数。

因忽略一个常数因子不影响 θ 的极大似然估计，故可取似然函数为

$$L(\theta) = \frac{1}{\theta^m}\mathrm{e}^{-\frac{1}{\theta}[t_1+t_2+\cdots+t_m+(n-m)t_m]}$$

相应的对数似然函数为

$$\ln L(\theta) = -m\ln\theta - \frac{1}{\theta}[t_1 + t_2 + \cdots + t_m + (n-m)t_m]$$

令

$$\frac{\mathrm{d}\ln L(\theta)}{\mathrm{d}\theta} = -\frac{m}{\theta} + \frac{1}{\theta^2}[t_1 + t_2 + \cdots + t_m + (n-m)t_m] = 0$$

于是得到 θ 的极大似然估计为

$$\hat{\theta} = \frac{s(t_m)}{m}$$

其中 $s(t_m) = t_1 + t_2 + \cdots + t_m + (n-m)t_m$ 称为总试验时间，它表示直至时刻 t_m 为止 n 个产品的试验时间的总和。

对于定时截尾样本

$$0 \leqslant t_1 \leqslant t_2 \leqslant \cdots \leqslant t_m \leqslant t_0$$

其中 t_0 是截尾时间。

与上面的讨论相似，可得似然函数为

$$L(\theta) = \frac{1}{\theta^m}\mathrm{e}^{-\frac{1}{\theta}[t_1+t_2+\cdots+t_m+(n-m)t_0]}$$

θ 的极大似然估计为

$$\hat{\theta} = \frac{s(t_0)}{m}$$

其中 $s(t_0)=t_1+t_2+\cdots+t_m+(n-m)t_0$ 称为总试验时间,它表示直至时刻 t_0 为止 n 个产品的试验时间的总和。

对应产品寿命试验中的定时截尾数据和定数截尾数据的极大似然估计,在产品质保数据的分析中,有一种数据结构被称为"删失数据",即在所有产品发生失效之前就结束观测的情况下所得到的不完全数据。在产品的可靠性实验中,通常存在两种类型的删失,如图 4.6 所示。

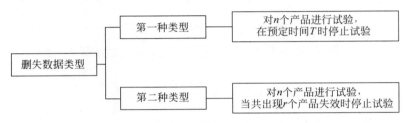

图 4.6 删失数据类型

删失数据的似然函数取决于删失的类型,下面针对两种删失类型分别做极大似然估计的介绍。

(1) 第 I 类删失。作为时间函数的删失称为第 I 类删失,这里只关注右删失。在可靠性试验中,在指定时间 T 终止测试,就会出现右删失。

假设所有 n 个产品都在时间 0 时开始进行测试或售出,到时间 T 时 r 个产品发生故障。这些数据称为有序观测值,由前 r 个产品的失效时间数据 $Y_1,Y_2,\cdots,Y_r$ 以及其余(删失)产品的 T 值构成。该似然函数为

$$L(Y_1,Y_2,\cdots,Y_n;\theta) = \left\{\prod_{i=1}^{r} f(Y_i)\right\}[1-F(T;\theta)]^{n-r} \quad (4\text{-}40)$$

注意:这里的 r 是一个随机变量。这意味着,求最大值不能简单通过似然函数或对数函数的微分实现,而需要其他方法,如查找程序等。

(2) 第 II 类删失。对 n 个产品开展试验,当出现 r 个产品失效时停止试验,则其似然函数为

$$L(Y_1,Y_2,\cdots,Y_n;\theta) = \prod_{i=1}^{r} f(Y_i) \cdot \prod_{i=r+1}^{n} [1-F(Y_i;\theta)] \quad (4\text{-}41)$$

求式(4-41)的最小化值可得到极大似然估计值。

【**例 4-15**】 设某一电子产品的寿命服从指数分布,其概率密度为

$$f(t) = \begin{cases} \dfrac{1}{\theta} e^{-t/\theta}, & t > 0 \\ 0, & t \leqslant 0 \end{cases}$$

其中 $\theta > 0$ 未知。

随机地抽取 40 个产品投入寿命试验,规定试验进行到其中有 10 个产品出现失效时结束试验,测得并记录失效产品样本的失效时间(单位:h)为

114　121　130　136　145
156　160　162　170　174

试求该电子产品的平均寿命 θ 的极大似然估计值。

解:由题意可知 $n=40, m=10, s(t_{10}) = 114+121+\cdots+170+174+(40-10)\times 174 = 6688$,得 θ 的极大似然估计值为

$$\hat{\theta} = \frac{s(t_m)}{m} = \frac{s(t_{10})}{10} = \frac{6688}{10} = 668.8 \text{(h)}$$

4.5.2　置信区间估计

在实际问题中,对于未知参数 θ,求出它的点估计 $\hat{\theta}$ 并不是最终目的,还希望估计出一个范围,并希望知道这个范围内包含未知参数 θ 真值的置信概率,这种形式的估计称为区间估计。本小节将在参数点估计的基础上,进一步介绍区间估计的相关概念及质保数据分析中常用的参数区间估计方法。

1. 置信区间与置信度

设总体分布中有一个未知参数 θ,若由样本确定两个统计量 θ_L 和 θ_U,对于给定的 $\alpha(0 \leqslant \alpha \leqslant 1)$,满足

$$P(\theta_L < \theta < \theta_U) = 1 - \alpha$$

则称随机区间 (θ_L, θ_U) 是 θ 的 $100(1-\alpha)\%$ 置信区间。θ_L 和 θ_U 称为 θ 的 $100(1-\alpha)\%$ 置信限,并称 θ_L 和 θ_U 分别为置信下限和置信上限;百分数 $100(1-\alpha)\%$ 称为置信度,也称置信水平;而 α 称为显著性水平。

假如计算置信度为 90% 的置信区间,也就是说,在 90% 情况下,母体参数的真值会处于计算的置信区间内,或者说有 10% 的情况或概率真值会处于置信区间之外。假如要求 99% 相信在给定样本容量的情况下,真值处于一定置信区间内,则必须扩大区间;或者如果希望保持规定的置信区间,就必须增加样本的容量。

总之，置信区间表示计算估计的精确程度，置信度表示估计结果的可信性。

这里要注意置信度与可靠度的区别：置信度是指样品的试验结果在母体的概率分布参数（如均值或标准差）的某个区间内出现的概率；可靠度是指样品在规定条件下和规定时间内正常工作的概率，反映的是产品本身的质量状况。

（1）双侧区间估计。在给定置信度（$1-\alpha$）的情况下，对未知参数的置信上下限做出估计的方法称为双侧区间估计，又称双边估计。

例如对某产品进行寿命估计，若它的寿命有 95% 的可能在 3500～4500h 之间，即置信度为 95%，置信上限为 4500h，置信下限为 3500h，可表示为

$$P(3500 < \theta < 4500) = 0.95$$

（2）单侧区间估计。如果只要求对未知数的置信下限或置信上限作出估计，而置信度为 $1-\alpha$，即

$$P(\theta_L \leqslant \theta) = 1 - \alpha$$
$$P(\theta_U \geqslant \theta) = 1 - \alpha$$

这种区间估计称为置信度为 $1-\alpha$ 的单侧区间估计，也称单边估计。

单侧区间的应用较多。例如，对于产品的寿命，通常人们并不关心最长是多少，而很关心不低于某个值。

若已知随机变量 X 的方差为 σ^2，样本容量为 n，样本值为 $x_1, x_2, \cdots, x_n$，则母体均值 μ 的置信区间估计可以由其样本值 $\bar{x}$ 的抽样分布得到。即已知方差，对母体均值 μ 进行区间估计。

由中心极限定理可知，若随机变量 X 为正态或近似正态分布，则样本均值 $\bar{x}$ 的抽样分布也服从正态分布。因此，统计量 $z = (\bar{x} - \mu)/(\sigma/\sqrt{n})$ 的分布为标准正态分布，统计量 z 介于 $-z_{\alpha/2}$ 和 $z_{\alpha/2}$ 之间的概率为

$$P(-z_{\alpha/2} \leqslant z \leqslant z_{\alpha/2}) = 1 - \alpha \tag{4-42}$$

或

$$P\left(-z_{\alpha/2} \leqslant \frac{\bar{x} - \mu}{\sigma/\sqrt{n}} \leqslant z_{\alpha/2}\right) = 1 - \alpha \tag{4-43}$$

因此，母体均值 μ 的置信下限和上限分别为

$$\mu_L = \bar{x} - \frac{z_{\alpha/2} \sigma}{\sqrt{n}} \tag{4-44}$$

$$\mu_U = \bar{x} + \frac{z_{\alpha/2}\sigma}{\sqrt{n}} \tag{4-45}$$

由式(4-42)~(4-45)可知,置信区间都与样本量 n 有关。

【例 4-16】 设参数总体 $X \sim N(\mu, 0.04)$,随机抽取 9 个独立观察值 x_1, $x_2, \cdots, x_9$,其均值为 6,求参数总体分布中 μ 在 95% 置信度下的置信区间(小数点后保留三位有效数字)。

解:已知 $\alpha = 1 - 0.95 = 0.05$, $n = 9$, $\sigma = \sqrt{0.04} = 0.2$,相应的标准变量 $z_{\alpha/2} = z_{0.025}$,查询正态分布表可得 $z_{0.025} = 1.96$。因此,由式(4-44)和式(4-45)可得 μ 的上限值和下限值分别为

$$\mu_L = 6 - \frac{z_{\alpha/2}\sigma}{\sqrt{n}} = 6 - \frac{1.96 \times 0.2}{3} = 6 - 0.131 = 5.869$$

$$\mu_U = 6 + \frac{z_{\alpha/2}\sigma}{\sqrt{n}} = 6 + \frac{1.96 \times 0.2}{3} = 6 + 0.131 = 6.131$$

因此,总体均值 μ 在 95% 置信度下的置信区间为 $[5.869, 6.131]$。

2. 相对似然函数法

对于对数正态分布、威布尔分布和 logistic 分布,其似然函数可以统一表示为

$$L(\mu, \sigma) = \prod_{i=1}^{n} \left\{ \frac{1}{\sigma t_i} f\left[\frac{\log(t_i) - \mu}{\sigma}\right] \right\}^{\delta_i} \cdot \left\{ 1 - F\left[\frac{\log(t_i) - \mu}{\sigma}\right] \right\}^{1-\delta_i}$$

其中 $\delta_i = 1$ 表示对应的 t_i 是实际的失效时间,$\delta_i = 0$ 则表示相对应的 t_i 是右截尾时间;$f(\cdot)$ 和 $F(\cdot)$ 代表概率密度函数和累积分布函数,在威布尔分布、对数正态分布和 logistic 分布中分别对应标准威布尔分布的 $f_{wei}(\cdot)$ 和 $F_{wei}(\cdot)$、标准正态分布的 $\varphi(\cdot)$ 和 $\Phi(\cdot)$ 以及标准 logistic 分布的 $f_{logis}(\cdot)$ 和 $F_{logis}(\cdot)$。

令 $L(\mu, \sigma)$ 为似然函数,$\hat{\mu}$ 和 $\hat{\sigma}$ 是极大似然估计,则称

$$R(\mu, \sigma) = \frac{L(\mu, \sigma)}{L(\hat{\mu}, \hat{\sigma})}$$

为相对似然函数(relative likelihood function,RLF)。

具有两个参数的相对似然函数形成了一个二维平面上的等值线,$R(\mu, \theta) > e^{-\chi^2_{(1-\alpha;2)}/2} = \alpha$ 给出了 μ 和 σ 的 $100(1-\alpha)\%$ 的联合置信区间。

对于参数 μ 来说,当 σ 变化时我们总是希望其相对似然函数尽可能大,定义 μ 和 σ 的轮廓似然(profile likelihood)分别为

$$R(\mu) = \max_{\sigma}\left[\frac{L(\mu,\hat{\sigma})}{L(\hat{\mu},\hat{\sigma})}\right]$$

$$R(\sigma) = \max_{\mu}\left[\frac{L(\hat{\mu},\sigma)}{L(\hat{\mu},\hat{\sigma})}\right]$$

则 μ 的 $100(1-\alpha)\%$ 置信区间由 $R(\mu) \geqslant e^{-\chi^2_{(1-\alpha;2)}/2}$ 确定。同样地,σ 的 $100(1-\alpha)\%$ 置信区间由 $R(\sigma) \geqslant e^{-\chi^2_{(1-\alpha;2)}/2}$ 确定。

在实际应用中,可以以极大似然估计 $\hat{\mu}$ 和 $\hat{\sigma}$ 为中心,在一个可行区域内将 μ 和 σ 进行离散化并求得 $\hat{\mu}$ 和 $\hat{\sigma}$ 的置信区间。

4.5.3 非参数估计

在总体分布已知的情况下,可以使用参数估计的方法求得产品寿命的分布函数,从而得出可靠度等指标的估计。但在有些情况下,很难确定产品的寿命分布类型,有时虽然产品的寿命分布类型已知,但获得的数据仅仅是失效的个数,并没有精确的失效时间,这时也需要借助非参数估计的方法来进行统计推断的工作。

在参数估计方法中,由于事先对具体分布作出了比较严格的限制和约束,因此参数估计方法一般精度比较高,但缺乏稳健性。即如果所讨论的分布并不符合所作出的假定,那么精度就会大幅下降甚至出现错误。对比之下,非参数估计方法由于一开始只对具体分布作了很弱很模糊的限制,所以它具有稳健性,但是估计的精度一般情况下比较低。

在实际应用中,要依据对一个统计问题所能获得的信息来确定选用参数估计方法还是非参数估计方法。在知道总体的分布类型时,应尽量选用参数估计的方法;当不能确定总体的分布类型时,则优先选用非参数估计的方法。

本节主要介绍产品可靠度的非参数估计方法。对于非参数的统计推断,很多时候需要借助二项分布、贝塔分布及 F 分布等方法来进行统计分析。

1. 二项分布法

设随机变量 X 服从二项分布 $B(n,p)$,即

$$P(X=k) = \binom{n}{k}p^k(1-p)^{n-k}, \quad k=0,1,\cdots,n \tag{4-46}$$

其中,n 已知;参数 p 主要解释为某可重复事件 A 发生的概率,本节主要讨论可靠度的区间估计。

二项分布中的参数 p 在可靠性中常常表示失效的概率,此时 $R=1-p$ 就是可靠度。R 在$(1-\alpha)$置信度下的置信区间为(R_L, R_U),其中 R_L、R_U 分别由

$$\sum_{x=0}^{r} \binom{n}{x} R_L^{n-x}(1-R_L)^x = \alpha/2$$

$$\sum_{x=0}^{n-r} \binom{n}{x} R_U^x (1-R_U)^{n-x} = \alpha/2$$

来确定。其中,r 表示在试验期间所投入的 n 个产品的失效数。

相应地,R 在$(1-\alpha)$置信度下的置信下限 R_L 由

$$\sum_{x=0}^{r} \binom{n}{x} R_L^{n-x}(1-R_L)^x = \alpha \tag{4-47}$$

来确定。

当 $r=n-1$ 时,$R_L = 1 - \sqrt[n]{1-\alpha}$;当 $r=n$ 时,规定 $R_L=0$;当 $r=0$ 时,由式(4-47)可得 $R_L = \alpha^{1/n}$。

【例 4-17】 从某一批产品中随机抽取 20 个进行试验,失效数为 0,计算置信度为 0.95 时的可靠度下限 R_L。

解:该试验属于成败型试验,由题意可知 $n=20, r=0, 1-\alpha=0.95$,即 $\alpha=0.05$,由式(4-47)可知

$$R_L = \alpha^{1/n} = 0.05^{\frac{1}{20}} = 0.861$$

2. 贝塔分布法

1) 贝塔分布

贝塔分布(beta distribution)是一个作为伯努利分布和二项分布的共轭先验分布的密度函数,在机器学习和数理统计中都有重要的应用。在概率论中,贝塔分布也称为 β 分布,是指一组定义在区间$(0,1)$的连续概率分布。随机变量 X 服从形状参数 u 和 v 的贝塔分布,即 $X \sim \beta(u,v)$,其概率密度函数 $f(x;u,v)$可表示为

$$f(x;u,v) = \begin{cases} \dfrac{1}{B(u,v)} x^{u-1}(1-x)^{v-1}, & 0 < x < 1 \\ 0, & 其他 \end{cases} \tag{4-48}$$

其中，$B(u,v)=\dfrac{\Gamma(u)\Gamma(u)}{\Gamma(u)}$ 为贝塔函数，具有对称性，即 $B(u,v)=B(v,u)$；$\Gamma(u)$ 为伽马函数。

此时，随机变量 X 的期望 $E(X)=\dfrac{u}{u+v}$，方差 $D(X)=\dfrac{uv}{(u+v)^2(u+v+1)}$。

2) $F_n(t_i)$ 的分布

在一批受试的 n 个样品中，将其失效事件按从小到大的顺序排列，得到顺序统计量

$$t_1 \leqslant t_2 \leqslant \cdots \leqslant t_n$$

对其中任一顺序统计量 t_i，$F_n(t_i)$ 分布函数可以用贝塔分布表示，即

$$P\{F_n(t_i)\leqslant p\}=I_p(i,n-i+1)$$

因此，当失效数为 r 时，其中位秩是当 $I_p(r,n-r+1)=0.5$ 时 $F_n(t_r)=p$ 的值，即 p 为贝塔分布 $\beta(r,n-r+1)$ 的 0.5 分位点，由此可列出样品量为 n、失效数为 r 时的中位秩表。

当给定置信度为 $1-\alpha$ 时，$F_n(t_i)$ 的置信上、下限是对应

$$I_p(i,n-i+1)=1-\alpha/2$$

和

$$I_p(i,n-i+1)=\alpha/2$$

的 $F_n(t_i)=p$ 的值。

根据贝塔分布，可以对产品的经验分布 $F_n(t_i)$ 给出在置信度 $1-\alpha$ 要求下，$F_n(t_i)$ 的置信上、下限。

3) F 分布法

除上述计算可靠度的置信区间的方法外，F 分布法在某些情况下计算可靠度的置信区间时，步骤更加简便。下面介绍如何用 F 分布法来计算可靠度在 $1-\alpha$ 置信水平下的置信区间。贝塔分布 $I_p(u,v)=\alpha$ 和 F 分布之间有如下关系

$$\dfrac{u}{u+vF_{1-\alpha}(2v,2u)}=p \tag{4-49}$$

使用贝塔分布，p 为贝塔分布 $\beta(u,v)$ 的 α 分位数；$F_{1-\alpha}(2v,2u)$ 指自由度为 $(2v,2u)$ 的 F 分布的 $1-\alpha$ 分位点。

用 F 分布法计算置信度为 $1-\alpha$ 时可靠度的置信区间如下。

(1) 定数截尾寿命实验。

区间估计为

$$R_L = \frac{1}{\left\{1 + \dfrac{r}{n-r+1} F_{1-\alpha/2}[2r, 2(n-r+1)]\right\}} \quad (4\text{-}50)$$

$$R_U = \frac{1}{\left\{1 + \dfrac{r}{n-r+1} F_{\alpha/2}[2r, 2(n-r+1)]\right\}} \quad (4\text{-}51)$$

单侧下限为

$$R_L = \frac{1}{\left\{1 + \dfrac{r}{n-r+1} F_{1-\alpha}[2r, 2(n-r+1)]\right\}} \quad (4\text{-}52)$$

(2) 定时截尾寿命实验。

区间估计为

$$R_L = \frac{1}{\left\{1 + \dfrac{r+1}{n-r} F_{1-\alpha/2}[2(r+1), 2(n-r)]\right\}} \quad (4\text{-}53)$$

$$R_U = \frac{1}{\left\{1 + \dfrac{r}{n-r+1} F_{\alpha/2}[2r, 2(n-r+1)]\right\}} \quad (4\text{-}54)$$

单侧下限为

$$R_L = \frac{1}{\left\{1 + \dfrac{r+1}{n-r} F_{1-\alpha}[2(r+1), 2(n-r)]\right\}} \quad (4\text{-}55)$$

【例 4-18】 某产品随机抽取 50 个进行试验,在 110h 时停止试验,失效 2 个。试求置信度为 0.95 时的可靠度置信区间。

解:由题意可知 $n=50, r=2$,且为定时截尾寿命实验,则由式(4-53)和式(4-54)可得

$$R_L = \frac{1}{\left[1 + \dfrac{2+1}{50-2} F_{0.975}(2\times 3, 2\times 48)\right]} = \frac{1}{\left(1 + \dfrac{3}{48} \times 4.93\right)} = 0.765$$

$$R_U = \frac{1}{\left[1 + \dfrac{2}{50-2+1} F_{0.025}(2\times 2, 2\times 49)\right]} = \frac{1}{\left(1 + \dfrac{2}{49} \times 0.339\right)} = 0.986$$

在涉及产品可靠性的质保数据分析中,参数估计和非参数估计都是常用的方法,适用于不同的数据条件和分析目的。非参数方法允许用户在没有假定分布的情况下分析数据。也就是说,该方法不需要知道样本总体的形式。非参数估计方法有很多优点,也有一些固有的缺点。在没有假定寿命数据分布的情况下,分析数据的能力避免了由于不正确的分布假设而导致的潜在错误。但使用包含数据的非参数过程——这些数据能用参数过程处理——效率较低,因为在某种程度上会导致信息的丢失。特别是,与非参数方法关联的置信区间往往比通过参数方法计算的范围宽一些,而超出观察范围的估计往往是无法实现的。因此,任何质保数据集在基于特定分布的参数分析前,都要先对这些数据进行非参数分析。

在处理分析质保数据过程中,相较于非参数估计,参数估计方法具有以下优点:

(1) 与曲线图相比,参数估计方法可实现对小部分参数的函数表达;

(2) 参数估计方法提供 $F(t)$、$R(t)$ 和 $H(t)$ 等的平滑估计,而不是阶跃函数;

(3) 参数估计方法可用于产品级、部件级或一些中间级的相关量推导,如 MTTF、$R(t)$ 等。这些量可以是精确的或使用近似值,如方差、置信区间等;

(4) 参数估计方法可用来外推与分布函数上下界端点的某个变量相关的寿命,这对预计一个给定保修期内的保修索赔和费用是有效的;

(5) 参数估计方法有大量的软件工具包,而非参数估计方法则相对较少。

在质保数据分析过程中,尽管与参数估计方法相比,非参数估计方法有优点和缺点,但是宜采用哪种估计方法需要结合具体的情况。实际上,对于一个数据集,如果两种方法都可用,则同时使用两种方法通常是有效的。

4.6 常用的可靠性退化模型

随着科技的进步和设计制造水平的大幅提高,高可靠、长寿命产品在国防军工、航空航天、电子通信等领域内的应用日益广泛,因此,如何对其可靠性进行评估与预测便成为了一项重要的研究内容。而传统的寿命试验或加速寿命试验,均很难在有限的时间和费用的约束下获得足够多的、可用于分析的失效数据,因此便无法建立有效的寿命分布模型,从而使得可靠性预测和评估工作难以开展和进行。一般情况下,表征产品性能的度量参数会随着时间的增加而出现逐渐退化的现象；且当性能参数不断退化并超过规定的阈值时，产品就会失效，无法完成设定的功能或任务。这种失效被称作退化型失效。相对应的是突发性失效，即产品或部件在工作或贮存过程中一直保持所规定的正常功能状态，但是在某一瞬间这种功能或状态突然完全丧失。所以，针对高可靠、长寿命的产品，可以收集其性能参数随时间变化的规律，利用可靠性退化建模的方法来描述整个退化的过程，进而对产品的可靠性进行预测和评估。

4.6.1 产品退化的可靠性分析

1. 退化失效模型

根据退化失效的定义，可以得到产品退化失效的模型。产品失效率是指产品性能的退化量大于或等于规定的失效阈值的概率，即

$$F(t) = P\{x(t) \geqslant l\}$$

式中：$F(t)$ 为 t 时刻产品失效的概率；$x(t)$ 为 t 时刻产品参数的退化量；l 为规定的失效阈值。

2. 退化量统计模型

一般来说，产品退化量的统计模型与失效模型是根本不同的，退化量的统计模型是描述产品在某种既定环境下的退化规律。对于一维分布的退化而言，其分布函数可描述为

$$G(x, t) = P[x(t) \leqslant x]$$

其概率密度函数为 $g(x, t)$，显然 $\int_{-\infty}^{+\infty} g(x, t) = 1$。

对于同一产品而言，其失效前的退化分布类型应该是不变的，变化的只是参数。分布类型一般为正态分布、威布尔分布、对数正态分布等。根据以上定义，可以得到退化失效模型与退化量统计模型之间的关系为

$$F(t) = 1 - P[x(t) \geqslant l] = 1 - G(l, t)$$

3. 基于退化数据的可靠性分析

根据以上的分析，基于退化数据的可靠性分析的基本步骤如下。

（1）分析产品的失效机理，找出关键参数和失效的标准。

在现场使用的产品，什么是其正常的技术状态，需要完成何种功能，什么是其失效的技术状态，都应该有明确的定义。失效标准是判断产品正常状态

(完成规定功能)、失效状态(丧失规定功能)的依据。确定退化量和失效标准是退化失效分析的基础工作,需要依据产品的规定功能来选取退化量,退化量可能是产品规定的性能输出参数,该量值的选取需要能反映出产品完成规定功能能力的情况。当其超出规定的范围时,产品即发生失效。另外,退化量须有准确的定义且能通过一定的手段和技术来进行测量、统计和分析。

(2)收集退化数据。依据选定的退化量收集该参数(或与该参数相关)的性能退化数据。数据的来源包括可靠性试验、历史数据、相同或相似产品的相关信息、专家资源等。

(3)确定退化量的分布类型。选择合适的分布类型来表示退化量在某时刻的退化分布。

(4)利用退化数据得到退化量分布的参数估计值,确定分布函数。

(5)根据分布函数与失效阈值进行可靠性分析、评估和预测等后续工作。

4.6.2 典型的退化模型

1. 基于失效机理的退化模型

1)反应论模型

有些产品由于某些关键组件或材料受到氧化、腐蚀、扩散、泄露等因素的影响而失效。这些失效的根本原因在于组件或材料的物质结构发生了微观的物理或化学变化,使得产品性能逐渐退化,最终超过规定阈值而不能完成规定的功能,即产品失效。阿伦尼乌斯模型、幂律模型和艾林模型等是较为常见的用来描述这类过程的模型,称作反应论模型。

(1)阿伦尼乌斯模型。

温度是许多物理化学过程的重要影响因素,且常被用做加速试验中加速腐蚀、电迁移、绝缘破坏等退化过程的加速应力。1880年,阿伦尼乌斯(Arrhenius)研究了温度激发类化学过程,在大量数据的基础上提出了反应速率 k 和 T_e 的关系,即著名的阿伦尼乌斯模型

$$k = C_0 \exp\left[-\frac{E_a}{k_b T_e}\right]$$

其中,E_a 为基体物质的反应活化能;k_b 为波尔兹曼常数;T_e 为接触面的绝对温度;C_0 为比例常数。

(2) 幂律模型。

在工程应用上,除了温度外还存在大量的机械应力和电应力,且许多物理实验数据也证实了产品在机械应力或电应力作用下的反应速率与应力的关系通常满足幂律模型,即

$$\frac{\partial x}{\partial t} = k = AS^n$$

其中,k 为反应速率或退化速率;A 和 n 为常数;S 表示应力水平。

幂律模型在由机械疲劳、机械磨损、电压击穿、绝缘击穿等失效机理导致的失效场合应用广泛。

(3) 艾林模型。

艾林(Eyring)模型除温度外,还同时考虑了湿度、电压、机械应力等应力效应,其退化速率 k 与应力 S 之间的关系为

$$k = C_0 \left(\frac{k_b T_e}{h}\right) \exp\left[f(S)\left(c_0 + \frac{d}{T_e}\right) - \frac{E_a}{k_b T_e}\right]$$

其中,E_a 为物质的反应活化能;k_b 为波尔兹曼常数;h 为普朗克常数;T_e 为绝对温度;S 为应力水平;$f(S)$ 为 S 的函数;C_0 和 c_0 及 d 为常数。

(4) 复合温度-电应力寿命模型。

Simoni 于 1984 年提出了基于温度和电应力的加速模型,认为温度和电应力会对产品的寿命产生累计损伤影响,即

$$L = L_0 \exp(-C_0 \cdot D_T) \left(\frac{E}{E_0}\right)^{-N}, \quad E > E_0$$

其中,$N = n - b \cdot D_T$,$D_T = 1/T_0 - 1/T$,n 为逆幂律模型中的参数,b 为材料系数,T_0 为室温,T 为绝对温度;C_0 是 Arrhenius 模型中的参数;E_0 为产品所受的电应力;E 为进行加速试验的最小应力;L_0 为当 $E > E_0$ 且在室温 T_0 下产品的基本寿命。

该模型目前广泛应用于电工产品的加速试验中。

2) 强度-应力模型

产品受到外力负载后,会在材料内部产生放大的应力。而产品所承受的工作应力与材料强度相关,当应力强度发生干涉时认为产品失效,即产品所受应力 S 大于材料强度 C。通常情况下,不论是应力或强度都具有不确定性,因此必须用概率函数来描述产品的失效概率。

设应力的分布为 $f_s(s)$,强度的分布为 $f_c(c)$,则产品失效率为

$$F = P\{C < S\} = \int_{-\infty}^{+\infty} f_c(c) \left[\int_C^{\infty} f_s(s) \mathrm{d}s \right] \mathrm{d}c$$

其中,$P\{\cdot\}$为概率函数。

在机械产品中,将强度与应力的比值定义为安全系数。通常强度-应力模型可用于度量可靠性、规划产品过载荷或极限试验。有些产品在使用初期时的应力与强度之间存在充分的裕度,不过其强度会随着时间而逐步退化,最终应力与强度发生干涉进而导致失效。因此强度-应力模型也是一种退化失效模型。

3)累积损伤模型

有些机械产品材料或组件在受到应力时不会立即失效,而是产生相当程度的疲劳损伤或退化。当损伤和退化不断累积到某一阈值后,产品即发生破坏失效。此时可以用线性损伤累积模型来描述这类机械材料的疲劳寿命。由此可见,累计损伤模型也是退化模型的一种。

假设产品的性能参数 η 只取决于损伤或退化速率 k 和时间 t 的乘积,而与施加应力的方式无关,则累积损伤模型可以表示为

$$f(\eta) = \int k(t) \mathrm{d}t = \sum k_i t_i \tag{4-56}$$

2. 基于统计与随机过程的退化模型

1)时间-统计拟合模型

对于大多数退化型失效的高可靠性长寿命产品,尤其是电子元器件来说,其质量特性的退化轨迹可使用以下几种线性模型来进行拟合

$$Y_i = \alpha_i + \beta_i t$$
$$\ln Y_i = \alpha_i + \beta_i t$$
$$\ln Y_i = \alpha_i + \beta_i \ln t$$

其中,Y_i 为产品在时间 t 时的质量特性值;i 为受试样本的标号;t 为试验检测时间;α_i 与 β_i 为未知参数。

通过收集试验样本退化数据并对其进行线性拟合,便可获得参数 α_i 和 β_i 的值。在实际应用中,还可假定 α 或 β 服从威布尔分布或正态分布,使得线性模型具有随机性特质,从而能更准确地描述电子产品退化时的不确定性。

2)应力-统计拟合模型

除了可以用线性模型描述退化过程之外,也可以通过回归分析的方式来

建立应力与某些退化质量特性值之间的统计模型。Nelson 从数学角度建立了单应力的 k 次多项式加速模型

$$\log T = \lambda_0 + \lambda_1 \varphi(S) + \lambda_2 [\varphi(S)]^2 + \cdots + \lambda_k [\varphi(S)]^k$$

其中，T 为寿命特征；$\varphi(s)$ 为应力 S 的函数。

纳尔逊指出当 $k \geqslant 3$ 时，利用此加速模型估计正常应力水平下产品的寿命没有任何意义，即使 $k \leqslant 2$ 时也只能在较小范围内使用。所以这类数学模型纯粹是用统计方法对数据进行拟合，而没有基于任何失效机理的基础，因此无法利用产品退化数据有效地估计产品寿命。

3) Gamma 过程退化模型

Gamma 过程退化模型具有非负、严格单调递增等特性，适合描述在时域上单调、微小的退化过程，如磨损、腐蚀、裂纹增加等。设 $Y(t)$ 表示产品在时刻 t 时质量特性的退化量，如果连续时间随机过程 $Y(t)$ 满足以下三条性质，则称其为 Gamma 过程。

(1) $Y(t)=0$，且 $Y(t)$ 在 $t=0$ 处连续；

(2) $Y(t)$ 具有独立增量，即在任意不相交的时间段 $[t_1,t_2]$、$[t_3,t_4]$，增量 $Y(t_2)-Y(t_1)$ 与 $Y(t_4)-Y(t_3)$ 相互独立；

(3) 对任意的 $\tau > t$，$Y(\tau) > Y(t)$ 服从 Gamma 分布 $Ga[\nu(\tau-t),u]$。

$Ga[\nu(\tau-t),u]$ 是形状参数为 ν，尺寸参数为 u 的 Gamma 分布函数，其概率密度函数为

$$f(x|v,u) = \frac{1}{\Gamma(v)u^v} x^{v-1} \exp\left(-\frac{x}{u}\right) I_{(0,\infty)}(x) \tag{4-57}$$

$$I_{(0,\infty)}(x) = 1, \ x \in [0,\infty); \ I_{(0,\infty)}(x) = 0, \ x \notin [0,\infty) \tag{4-58}$$

其中，$\Gamma(v) = \int_0^\infty x^{(v-1)} \exp(-x) \mathrm{d}x$ 称为 Gamma 函数。

4) Wiener 过程退化模型

Wiener 过程最早是 Robert Brown 通过研究微粒在液体表面无规则地运行时发现的，人们把这种现象称为布朗运动，Wiener 过程在工程领域中的首次应用是被用来描述特定产品疲劳损伤的退化轨迹。而后由于 Wiener 过程的平缓特性，它也被广泛应用于电子产品的性能退化模型中。

设 $Y(t)$ 表示产品在时刻 t 时质量特性的退化量，则线性的 Wiener 过程可表示为

$$Y(t) = t + \sigma B(t) \tag{4-59}$$

式中，$B(t)$ 为标准 Wiener 过程，满足以下三条性质：

(1) $B(0)=0, B(t)\in(-\infty,+\infty)$；

(2) 平稳独立增量，即 $B(t+\Delta t)-B(t)\sim N(0,\Delta t)$；

(3) $B(t)\sim N(0,t)$。

然而，实际中许多产品的退化失效过程是非线性的，因此如果存在 t 的非负单调增函数 $\Lambda(t)$，那么式(4-59)可表示为

$$Y(t)=\Lambda(t)+\sigma B[\Lambda(t)]$$

随着工程应用广泛性和产品复杂性的增加，简单的 Wiener 过程已经不能很好地表征产品退化过程了。于是随机效应、测量误差和施加外应力等影响因素也被考虑进 Wiener 过程中，形成广义的 Wiener 过程，即

$$Y(t\mid S_k)=\eta_k\Lambda(t)+\sigma_B B[\Lambda(t)]+\sigma_\varepsilon\varepsilon \tag{4-60}$$

式中，一般假设漂移系数 η_k 与应力水平 S_k 有关；在具体试验过程中，由于测量工具的不精确或是人为的失误都可能会造成测量的误差；ε 表示测量误差且服从分布函数 $\varepsilon\sim N(0,1)$ 的标准正态分布。

4.6.3　基于使用率的加速失效时间模型

在质保数据分析中基本以产品可修为前提，基础质保范围内的最长使用时间和最高累积使用度分别用 W_0 和 U_0 表示。若产品的使用时间或累积使用度其中有任一维度超过规定界限，则质保服务终止，并假设质保范围内发生的失效均会引起索赔。不同产品的累积使用度定义存在一定的差异，例如挖掘机的累积使用度一般以累积工作时长来表示，而汽车的累积使用度常常以累积行驶里程来表示。

对于二维质保产品，使用率是累积使用度与使用时间的比值，它与产品的使用情况直接相关。通过引入使用率(Usage Rate)这个概念，可将复杂的二维质保问题转换为较为简单的一维质保问题。

二维质保产品的故障主要受产品的使用时间、使用强度、使用程度、名义可靠性及使用环境等因素的影响。产品的使用率可视为作用于产品的一种应力，当使用率高于名义使用率时，将加速产品部件的退化失效，增加产品的故障强度；反之，将延缓产品的老化过程。

本小节利用加速失效时间模型(accelerated failure time model，AFT)模拟使用率对产品失效过程的影响。加速失效模型是一种常见的边际方法，建立了使用率与产品可靠性两者之间的联系。令 T_0 为名义使用率 $r_0=U_0/W_0$ 下

第一次失效时间，T_r 为给定使用率 r 下的首次失效时间，根据 AFT 模型则有

$$\frac{T_r}{T_0} = \left(\frac{r_0}{r}\right)^\gamma \qquad (4\text{-}61)$$

其中 $\gamma \geqslant 1$ 为加速因子。

在可靠性研究领域中，通常假设产品的第一次失效服从威布尔分布。若 T_0 服从尺度参数为 α_0、形状参数为 β_0 的威布尔分布，则 T_r 服从尺度参数为 $\alpha_0(r_0/r)$、形状参数为 β_0 的威布尔分布。T_r 的分布函数记为 $F(t, \alpha_\gamma, \beta_\gamma)$，则有

$$F(t, \alpha_r, \beta_r) = F_{r0}[(r/r_0)^\gamma t, \alpha_0, \beta_0]$$

相应的概率密度函数和可靠度函数为

$$f(t_r) = \frac{\beta_0}{\alpha_0 (r/r_0)^\gamma} \left(\frac{t_r}{\alpha_0 (r/r_0)^\gamma}\right) \exp\left[-\left(\frac{t_\gamma}{\alpha_0 (r/r_0)^\gamma}\right)^{\beta_0}\right]$$

$$R(t_\gamma) = 1 - F(t_\gamma) = \exp\left[-\left(\frac{t_\gamma}{\alpha_0 (r/r_0)^\gamma}\right)^{\beta_0}\right]$$

4.7 本章小结

本章首先向读者介绍了产品可靠性的相关基本概念及处理方法，如可靠度、累积失效概率、浴盆曲线、失效率、MTTF、MTBF、可用度等，并从定性和定量两个维度分别介绍了产品可靠性分析的基本要求。

其次介绍了随机试验、随机变量、频率等基本概念，对产品质保分析中常用的离散分布（二项分布、泊松分布）以及连续分布（对数分布、对数正态分布、威布尔分布）及其特征进行了介绍；在此基础上介绍了模型参数估计的点估计、极大似然估计、置信区间估计和非参数估计几种方法，并对质保数据分析中的参数估计和非参数估计进行了简要的方法说明和对比分析。

最后介绍了基于产品退化过程的可靠性分析、常见的退化模型和质保数据分析中基于使用率的加速失效时间模型。

习题 4

1. 在可靠性工程中，不常使用的分布函数是（　　）。

　　A. 泊松分布　　　　　　　　　　　　B. 对数分布

  C. 威布尔分布   D. 极小值分布

2. 关于分布参数点估计的说法错误的是(   )。

  A. 最小二乘法也是进行参数点估计计算的一种方法

  B. 进行参数点估计计算时,极大似然法的精度比矩估计法精度低

  C. 极大似然法适用于所有情况下的点估计计算

  D. 矩估计法只适用于完全样本的情况

3. 某一种专用的机械产品零件,已知其失效时间服从威布尔分布,其 $m=2, \eta=2000h$。问当任务时间为300h时这种零件的可靠度是多少?(结果保留小数点后两位)

4. 某精密仪器公司对新购进的一批精密继电器线路板(属不可修复产品)进行可靠性寿命试验,从该批产品中随机抽取6个样品,测得其失效时间分别为357h、350h、346h、402h、380h、395h,试通过计算来估计该批产品的平均寿命。

5. 某公司生产一批儿童电动玩具,在出厂前需进行寿命试验,且在首次出现故障后采取维修措施,假设维修完成后和新产品各项功能相同。从某批产品中共抽取5个样品,且每个样品进行两次故障统计,数据如表4.5所示。规定该批产品的平均故障间隔时间低于210h时将进行返工,问该批产品是否有返工的必要?

表 4.5 样品故障时间统计

故障时间/h	产品编号				
	1	2	3	4	5
t_1	196	213	218	224	207
t_2	190	202	210	213	198

6. 一种产品的首次故障时间 T 是服从参数为 λ 的指数分布,且平均故障前时间为100h,问该产品正常运行50h、150h、250h的概率为多少?

第 5 章 产品可靠性分析方法

本章学习目标

- 熟悉可靠性建模的基本流程，掌握可靠性分析和预计的基本步骤和常用方法
- 掌握故障模式、影响及危害性分析的基本步骤和主要分析方法
- 掌握故障树建立的一般步骤，掌握割集及最小割集的求解方法，并能够对结果进行定性和定量分析
- 熟悉可靠性设计的基本准则

第 4 章主要介绍了产品质保数据分析的可靠性理论基础，对产品可靠性的基本度量参数、常用的概率模型、故障模式、参数估计和非参数估计等进行了较为全面详细的介绍。然而，针对产品可靠性的研究，仅仅知道一些基本的概念是无法开展可靠性的设计、实施和保障等工作的。可靠性工作的重点在于发现产品发生故障或失效的机理是什么，部件或子系统的故障发生率对产品整体性能有什么影响，如何将产品的设计要求进行自顶向下的分配等更深层次的问题。

因此，本章的主体内容将介绍可靠性的建模、分配和设计，故障模式、影响及危害性分析，故障树分析等重要且实用的产品可

靠性分析方法。

5.1 可靠性建模、分配和预计

5.1.1 可靠性建模

系统的定义指由两个及以上的部分所组成且能发挥一定功能的整体。在对产品进行可靠性分析时,可将其分为大系统和小系统,大系统由若干个小系统所组成,而每个小系统又可细分为若干个更小的子系统。随着设计和制造技术的发展,产品系统的复杂度越来越高,有的复杂系统甚至包括成千上万个零部件,例如飞机的发动机。系统复杂度的增大也就意味着可靠性的降低。因此,为了保证产品的可靠性,就需要重视系统可靠性的研究与探索,建立系统、子系统的可靠性模型,进而对产品的可靠性进行计算和评估。

建立系统的可靠性模型,包括可靠性框图和可靠性数学模型。可靠性框图用于描述子系统的故障或状态对总体系统性能和状态的影响。建立可靠性模型的一般步骤如图 5.1 所示。

图 5.1 一般可靠性模型的建立步骤

1. 可靠性框图

对产品系统进行可靠性评估的第一步就是建立可靠性框图,通过可靠性框图可以清晰地表述出产品系统内部各部件的连接关系,运用矩形框的方式抽象代表某部件,而不对部件或子系统的内部细节进行表示。产品的可靠性框图是由若干节点和连接节点的线段组成的网络图。节点(矩形框)对应于产品系统中的某个部件,节点间的连线表示产品工作时各个零部件协同工作的逻辑关系。当某零部件失效时,与失效部件相连的其他部件不可经过故障部件节点,也不允许由故障节点抵达与其相连的节点。可靠性框图有一个出发点和结束点。如果能从网络的出发点开始沿某一条路径到达结束点,则认为该产品没有发生故障;如果不存在路径可以从网络的出发点到结束点,则认为该产品发生故障。

例如,可以将自行车分解为车架系统、车把系统、车轮系统和脚蹬系统这4个主要子系统。根据前文描述可以画出自行车的可靠性框图,如图 5.2 所示。

图 5.2　自行车的可靠性框图

图 5.2 中每个子系统对应于一个节点,通常用矩形框表示。根据产品的性质和绘制可靠性框图的目的,矩形框既可以表示子系统,也可以表示具体零部件。通过可靠性框图可以确定子系统或部件的连接方式,方便进一步进行的产品系统的可靠性计算。

2. 串联模型

假设某产品由 n 个单元组成,这 n 个单元中任意一个部分出现故障,都会导致整个系统或最终产品性能失效;只有这 n 个组成单元都不发生故障时,产品才不会发生故障。由于串联系统的总体可靠性小于其中任何一个单元的可靠性,因此产品系统的寿命取决于寿命最短的那个部分。满足这类故障特点的产品系统称为串联系统。串联系统是最常用的基本可靠性模型的系统,也是最简单和常见的系统。

串联模型的可靠性框图如图 5.3 所示。

图 5.3　串联模型的可靠性框图

设第 i 个组成单元的可靠性为 $R_i(t)$,累积失效函数为 $F_i(t)=1-R_i(t)$,则产品的可靠性 $R_s(t)$ 和累积故障函数 $F_s(t)$ 分别为

$$R_s(t)=\prod_{i=1}^{n}R_i(t) \tag{5-1}$$

$$F_s(t)=1-R_s(t)=1-\prod_{i=1}^{n}R_i(t) \tag{5-2}$$

如果第 i 个组成单元的寿命服从参数为 λ_i 的指数分布,且单元可靠度 $R_i(t)=\mathrm{e}^{-\lambda_i t}$,那么整个产品的寿命也服从指数分布,可知产品的可靠度表达

式为

$$R_s(t) = \prod_{i=1}^{n} e^{-\lambda_i t} = e^{-\lambda t} \tag{5-3}$$

其中产品的故障率函数为

$$\lambda_s = \sum_{i=1}^{n} \lambda_i \tag{5-4}$$

式中,λ_s 表示整个系统或产品的故障率;λ_i 为第 i 个组成部分或单元的故障率。

整个产品的平均故障间隔时间 MTBF 可表示为

$$\text{MTBF} = \frac{1}{\lambda_s} \tag{5-5}$$

对于符合串联模型的产品来说,其可靠度是各单元可靠度的乘积。组成部分越多,产品结构越复杂。因为实际中各组成单元的可靠度 $R_i \leqslant 1$,根据累乘效应,也意味着产品的可靠度也越低。因此,可从减少串联单元的数量、提高组成部分可靠度 $R_i \leqslant 2$ 或缩短工作时间等方式来提高串联系统的可靠性。

【例 5-1】 可以将某汽车分解为彼此串联的五个子系统,分别为发动机、变速箱、制动系统、转向系统和轮轴子系统,如图 5.4 所示,其可靠度分别为 0.999、0.998、0.995、0.987、0.984。试绘制出该汽车的可靠性框图,并计算该汽车系统的可靠度。

图 5.4 汽车系统的可靠性框图

解:根据串联系统的可靠度计算公式和可靠性框图,可以计算出该汽车系统的可靠度为

$$R_s = \prod_{i=1}^{5} R_i = 0.999 \times 0.998 \times 0.995 \times 0.987 \times 0.984 = 96.35\%$$

3. 并联模型

假设某产品由 n 个单元组成,其中任一个组成单元发生故障,产品仍可以正常工作;只有当所有单元都发生故障时,产品才发生故障,因此该产品系统的寿命大小取决于最后一个单元发生失效的时刻。我们将这样的单元连接方式称为并联模型(也称为冗余模型),其特点是产品或系统的可靠度大于

任何一个单元的可靠度。并联模型是最简单的工作贮备模型,其可靠性框图如图5.5所示。

根据并联模型的定义和图5.5,可知满足并联模型的产品系统的累积失效函数为

$$F_s(t) = \prod_{i=1}^{n} F_i(t) \tag{5-6}$$

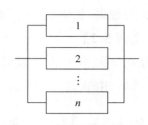

图5.5 并联系统模型的可靠性框图

式中,$F_s(t)$表示产品的累积失效函数;$F_i(t)$表示第i个单元的累积失效函数。

若产品整体的累积失效函数为所有单元累积失效函数的乘积,则产品的可靠度函数为

$$R_s(t) = 1 - F_s(t) = 1 - \prod_{i=1}^{n} F_i(t) = 1 - \prod_{i=1}^{n} [1 - R_i(t)] \tag{5-7}$$

式中,$R_s(t)$、$R_i(t)$分别表示产品整体可靠性和第i个单元的可靠度。

在并联模式下,产品的寿命取决于最后发生失效的部件寿命,用数学方式表示为

$$T_s = \max\{T_1, T_2, \cdots, T_n\} \tag{5-8}$$

如果第i个组成单元的寿命服从参数为λ_i的指数分布,则t时刻产品的可靠度为

$$R_s(t) = 1 - \prod_{i=1}^{n} [1 - R_i(t)] = 1 - \prod_{i=1}^{n} (1 - e^{-\lambda_i t}) \tag{5-9}$$

式中,$R_s(t)$为产品在t时刻的可靠度;$R_i(t)$为第i个组成部分或单元在t时刻的可靠度。

在这里需要特别指出的是,当系统的各单元相互独立且各单元的寿命分布为指数分布形式时,与串联系统不同,此时并联系统的寿命分布不再服从指数分布。以最简单的双单元并联系统为例,有如下关系

$$\lambda_s(t) = \frac{\lambda_1 e^{-\lambda_1 t} + \lambda_2 e^{-\lambda_2 t} - (\lambda_1 + \lambda_2) e^{-(\lambda_1 + \lambda_2)t}}{e^{-\lambda_1 t} + e^{-\lambda_2 t} - e^{-(\lambda_1 + \lambda_2)t}} \tag{5-10}$$

整个产品的平均故障间隔时间此时为

$$\mathrm{MTBF} = \frac{1}{\lambda_1} + \frac{1}{\lambda_2} - \frac{1}{\lambda_1 + \lambda_2} \tag{5-11}$$

不难发现,尽管组成单元的故障率λ_1和λ_2都是常数,但是并联系统在t

时刻的故障率却是一个随着时间变化的函数。

【例 5-2】 考虑一个由 3 个零部件并连组成的产品,各个部件的可靠性分别为 0.9、0.8、0.75,试计算该产品的整体可靠度。

解：由式(5-7)可知,该产品的可靠度为

$$R_s = 1 - \prod_{i=1}^{3}(1-R_i) = 1 - (1-0.9)(1-0.8)(1-0.75) = 99.5\%$$

对于并联系统的产品来说,其可靠度不同于串联模型,会随着组成部分数量的增多而越来越高。因此,采用冗余设计是提升产品可靠性的一个重要方法。但是,采取冗余设计在提高可靠性的同时也必然会导致成本和价格的增加。因此,在实际的产品设计中,一般只会对价值大的产品或者关键部件采取冗余设计。

4. 组合模型

随着技术的发展和人们对于产品功能要求的提高,如今的产品系统已越来越趋于复杂化,因此,大部分产品系统都不再仅仅局限于单一的串联系统或者并联系统,很大一部分会采用串并联的混合系统来完成更多的结构和功能的需求。组合模型的可靠性计算比单一的串联或并联模型的可靠度的计算要复杂,一般的方法是连续地用串联和并联的基本公式来分析计算,先计算子系统的可靠性,再计算总的系统可靠性。这里将讨论三种典型的组合模型,即并-串联可靠性模型、串-并联可靠性模型和混合连接可靠性模型。

1) 并-串联可靠性模型

假设某产品由 m 个子系统并联组成,每个子系统又由 n 个单元串联构成,满足这样特点的系统称为并串联系统,其可靠性框图如图 5.6 所示。

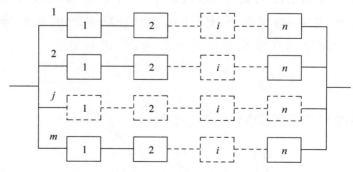

图 5.6 并-串联可靠性模型

假设每个单元的可靠度为 $R_{i,j}$，其中 $i=1,2,\cdots,n,j=1,2,\cdots,m$，则产品整体可靠性可表示为

$$R_s(t)=1-\prod_{j=1}^{m}\left[1-\prod_{i=1}^{n}R_{i,j}(t)\right] \qquad (5\text{-}12)$$

2) 串-并联可靠性模型

假设某产品由 m 个子系统串联组成，每个子系统又由 n 个单元并联组成，满足这样特点的系统称为串并联系统，其可靠性框图如图 5.7 所示。

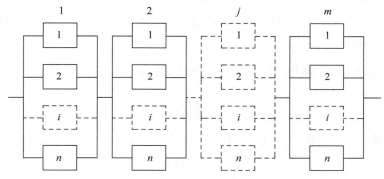

图 5.7　串-并联可靠性模型

假设每个单元的可靠度为 $R_{i,j}$，故障率函数为 $\lambda_{i,j}$，其中 $i=1,2,\cdots,n$，$j=1,2,\cdots,m$，则产品的总体可靠度为

$$R_s=\prod_{j=1}^{m}\left[1-\prod_{i=1}^{n}(1-R_{i,j})\right] \qquad (5\text{-}13)$$

另外，当产品的组成单元数量相同且每个单元的无故障运行概率也相同时，串并联系统比并串联系统的可靠度更高。

3) 混合连接可靠性模型

混合连接可靠性模型指产品的组成单元没有特定的构成形式，不是通过单纯的串联和并联的方式连接。因该种模型没有一个代表性的逻辑框架，因此在这里以例子的形式来说明这种连接模式，如图 5.8 和图 5.9 所示。

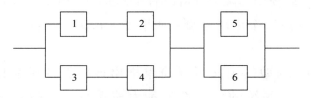

图 5.8　混合连接可靠性模型类型 1

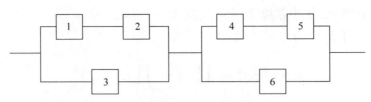

图 5.9 混合连接可靠性模型类型 2

【例 5-3】 假设用 6 个可靠度都为 0.90 的部件组成一个产品，有 4 种组成方式，分别为 $m=3$、$n=2$ 的串-并联方式，$m=2$、$n=3$ 的并-串联方式和如图 5.8 和图 5.9 所示的两种混合连接方式。请分别计算出在这 4 种模式下产品的整体可靠度为多少？

解： (1) 根据并-串联模型的系统可靠性公式(5-12)，并结合其可靠性框图，可得

$$R_s = 1 - (1 - 0.9^3)^2 = 92.66\%$$

(2) 根据串-并联模型的系统可靠性公式(5-13)，并结合其可靠性框图，可得

$$R_s = [1 - (1 - 0.9)^2]^3 = 97.03\%$$

(3) 根据串联和并联模型可靠度的计算方法和混合连接模型的可靠性框图(如图 5.8 所示)，该混合连接模型的可靠度可得

$$R_s = [1 - (1 - 0.9^2)^2][1 - (1 - 0.9)^2] = 95.43\%$$

(4) 根据串联和并联模型可靠度的计算方法和混合连接模型的可靠性框图(如图 5.9 所示)，该混合连接模型的可靠度可得

$$R_s = [1 - (1 - 0.9)(1 - 0.9^2)]^2 = 96.24\%$$

4) k/n:(G)模型

前面介绍了由多个单元组成的串联模型，其特点是任意部件的故障或失效会导致系统失效。但是存在这样的模型，由 n 个部件组成一个系统，当部件故障或失效数大于或等于 k 个时，系统才会故障或失效，这样的系统称为 k/n:(G)模型。

串联模型和并联模型实际上都可以看作 k/n:(G)模型的特例。如果 $k=1$，则 k/n:(G)模型就变成一个串联模型；如果 $k=n$，则 k/n:(G)模型就变成一个并联模型。

通过 k/n:(G)模型的定义可以简单推出该模型的可靠性。当故障部件数 $i<k$ 时，k/n:(G)系统的可靠性表示为该系统 i 个故障部件的概率之和 $(0 \leqslant i < k)$，即

$$R_s = \sum_{i=0}^{k-1} C_n^i [R(t)]^{n-i}[1-R(t)]^i \tag{5-14}$$

【例 5-4】 一款无人机有 6 个旋翼,不考虑机身平衡问题,当有 3 个以上旋翼能正常工作,该无人机就可以正常飞行。已知每台旋翼的可靠度为 0.9,问这款无人机的可靠度是多少?

解:已知该无人机有 6 个旋翼,则 $n=6$;超过 3 个旋翼都可以飞行,那么 $k=3$,根据式(5-14)可以计算出该无人机的可靠度为

$$R_s = \sum_{i=0}^{2} C_6^i 0.9^{6-i}(1-0.9)^i = C_6^0 0.9^6 + C_6^1 0.9^5 0.1 + C_6^2 0.9^4 0.1^2 = 98.415\%$$

5.1.2 可靠性的分配

在制造技术高度发达的今天,制造商们给产品赋予了更多的功能,以满足消费者的多样性和特殊性需求。功能的高度扩展引起了产品结构上的愈加复杂化,例如汽车、电脑等产品可能由上万种不同的零部件以多种组合方式连接而成。因此,在对这类复杂产品进行可靠性设计之前,需要先确定产品最终需达到的可靠性指标;然后将预定可靠性目标分配给若干零部件或子系统,将产品整体的可靠性要求落实到对每个零部件的可靠性要求上;当产品的各级子单元的可靠性得到保证时,产品预定的可靠性标准就能得到满足。这种由整体到局部、自上向下、逐级对可靠性进行分配的方法称为可靠性分配。

通过对产品的可靠性分配,可实现对各组成单元的可靠性定量要求,发现产品设计中的薄弱或关键环节,为产品的可靠性设计提供依据和支持,同时也可作为可靠性试验与评估的依据之一。

可靠性分配应当在产品初步设计阶段或方案阶段尽早实施,并且是一个在整个产品设计阶段反复迭代的过程。可靠性分配的原则如下。

(1) 合理分配可靠性目标值,使产品系统的可靠度实现最大程度提高。

(2) 零部件或子系统的可靠性分配计划应使整体产品的可靠性大于预定的产品可靠性目标值。

(3) 从产品系统不同零部件的重要度来看,重要程度大的部件应分配更高的可靠度,重要程度小的零部件可以分配较低的可靠度。

(4) 从产品的安全性角度看,对产品使用过程或运输过程中的安全性有重要影响的部件应当分配更高的可靠度,对产品安全性影响较小的部件可以

分配较低的可靠度。

（5）在同一产品系统中，同等重要程度、安全性、工作时间的零部件应当分配相同的可靠度。

对产品进行可靠性分配需要遵循几个主要步骤，如图 5.10 所示。

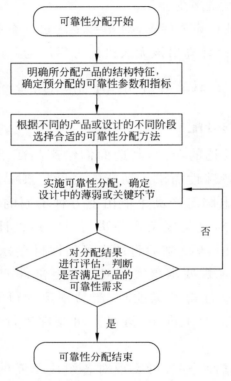

图 5.10　可靠性分配步骤

产品可靠性分配的方法有很多种，不同的产品类型、不同的研制阶段都应根据实际情况和现有条件来选择不同的可靠性分配方法。在工程上常用的分配方法有平均分配法、比例组合法、代数分配法等。这些方法的不同和区别主要在于可获得的组成部件和单元信息的完整度差异和要求的分配准确度不同。

1. 平均分配法

平均分配法又称等值分配法。顾名思义，该方法在进行产品可靠度分配时，不考虑产品系统各组成部分的重要程度，而只是将产品的目标可靠度按照单元个数平均分配给每个子系统。此方法适用于产品设计初期阶段，且易于实施计算。但很明显,该方法的假设和结果偏离实际的程度较大。

将产品系统的可靠度设定为 R_s,产品系统共由 n 个子系统组成,且第 i 个子系统的可靠度定义为 R_i,则产品可靠度和各子系统可靠度满足的关系为

$$R_s = \prod_{i=1}^{n} R_i \tag{5-15}$$

按照平均分配原则,每个子系统的可靠度为

$$R_i = R_s^{1/n} \tag{5-16}$$

【例 5-5】 设某产品由 4 个关键子系统组成,且目标可靠性为 95%,试计算每个子系统的可靠度。

解:根据平均分配法的关系式(5-16),可得每个子系统的可靠度为
$$R_i = 0.95^{1/4} = 98.73\%$$

2. 代数分配法

代数分配法又称为考虑重要度和复杂度的分配方法,该方法综合考虑了产品系统中各单元的复杂程度、重要程度和工作时间。该方法与平均分配法相比多考虑了产品使用过程中的更多因素,分析过程和结果更加合理,因此在产品方案、初步设计中应用较广。

假设某产品系统由 k 个服从指数分布的子系统串联组成,系统可靠度表示为

$$R_s = \prod_{i=1}^{n} R_i = \prod_{i=1}^{n} [1 - w_i(1 - e^{-t_i/\theta_i})] \tag{5-17}$$

式中,w_i 表示新产品中第 i 个子系统的重要程度;t_i 表示第 i 个子系统的工作时间;θ_i 表示第 i 个子系统的工作寿命;$(1 - e^{-t_i/\theta_i})$ 表示第 i 个子系统在连续工作 t_i 时发生故障的概率。

如果假设第 i 个子系统由 k_i 个部件组成,则该产品系统一共有 $N_s = \sum_{i=1}^{n} k_i$ 个零部件。如果这 N_s 个部件的可靠度相同,且 t_i/θ_i 小于某一特定阈值,例如小于 0.01,则可以将每个零部件的可靠性分配值按式(5-18)近似计算

$$R_i(t_i) = 1 - w_i(1 - e^{t_i/\theta_i}) = R_s^{n_i/N_s} \tag{5-18}$$

简单变换可得

$$\theta_i = \frac{-t_i}{\ln\left(1 - \dfrac{1 - R_s^{n_i/N}}{w_i}\right)} \tag{5-19}$$

【例 5-6】 某电子产品由 4 个子系统串联构成,现要求该电子产品工作 12h 的可靠度为 95%,每个子系统的详细信息见表 5.1。请使用代数分配法确定每个子系统的平均寿命,并对该产品的各子系统进行可靠性分配。

表 5.1 某电子产品子系统数据表

编号 i	名称	部件数 n_i	工作时间 t_i	权重 w_i
1	接收模块	120	24	1
2	控制模块	50	20	1
3	电源模块	38	36	0.3
4	发射装置	62	24	1

解:(1)计算每个子系统的平均寿命。

将每个子系统的零部件个数相加,可得到该电子产品一共由 270 个零部件构成,产品的目标可靠度 R_s 为 95%。

根据式(5-19)和表 5.1 中数据,经过计算可以得到各子系统的平均寿命,以接收模块为例,其寿命为

$$\theta_1 = \frac{-t_1}{\ln\left(1 - \dfrac{1 - R_s^{n_1/N}}{w_1}\right)} = \frac{-24}{\ln[1 - (1 - 0.95^{120/270})]} = 1052$$

同理可得其他三个子系统的平均寿命分别为 $\theta_2 = 2105\text{h}$,$\theta_3 = 1483\text{h}$,$\theta_4 = 2037\text{h}$。

(2)对每个子系统进行可靠度分配。

根据式(5-18)可得接收模块的可靠度为

$$R_1 = R_s^{n_1/N} = 0.95^{120/270} = 97.8\%$$

同理可得,其他三个子系统的可靠度分别为 $R_2 = 99.1\%$,$R_3 = 99.3\%$,$R_4 = 98.8\%$。由于这四个子系统串联组成该电子产品,所以需检验可靠性分配结果是否能达到预定产品的可靠性目标,即

$$R_s' = \prod_{i=1}^{4} R_i \approx 95.1\% > 95\% = R_s$$

故可靠性分配结果可以满足预定产品的可靠性目标。

3. 比例分配法

比例分配法不同于前两种可靠性分配方法,该方法根据相似的老产品中各组成部分的失效率占产品总体故障率比例的历史数据,来对新研发产品进行可靠性分配。如果存在一个老产品与新产品类似,那么老产品中各单元失效情况的历史数据能够对新产品的设计工作提供经验数据,将历史数据与新产品的可靠性要求相结合,就可实现新产品各组成部分的可靠性分配工作。该方法一般适用于新、老产品之间的结构或类型具有高度的相符性且有一定可靠的故障分析数据。在分析时,应将系统结构化成或等效成串联连接的关系,一般用于方案选择阶段和产品可靠性的初步设计阶段。

设 λ_i^{old} 为旧产品第 i 个单元的故障率,λ_s^{old} 为旧产品的故障率,则各单元的分配比例系数 K_i 为

$$K_i = \lambda_i^{\text{old}} / \lambda_s^{\text{old}} \tag{5-20}$$

设 λ_i^{new} 为新产品中第 i 个单元的待分配故障率,λ_s^{new} 为新产品的故障率指标,则新产品中第 i 个单元的故障率为

$$\lambda_i^{\text{new}} = \lambda_s^{\text{new}} \times K_i \tag{5-21}$$

【例 5-7】 某公司要开发某液压设备的第二代产品,第二代液压设备的目标平均故障间隔时间为 5000h,而第一代液压设备的平均故障间隔时间为 3200h。第一代产品与第二代产品结构类似,均为串联连接。假设该液压设备系统的故障时间服从指数分布,具体的历史数据见表 5.2,试问新产品各单元的可靠性该如何分配。

表 5.2 液压设备的历史故障率数据表

单元序号	1	2	3	4	5	6	7	8
故障率/(10^{-6}/h)	33.5	46	75	1	60	4	26	67

解:由于该设备的故障时间服从指数分布,可知第一代产品和第二代产品的故障率分别为

$$\lambda_s^{\text{old}} = 1/3200 = 312.5 \times 10^{-6}/\text{h}$$

$$\lambda_s^{\text{new}} = 1/5000 = 200 \times 10^{-6}/\text{h}$$

给新产品的故障率设置 10% 的预留分配空间,则此时新产品的待分故障率为 180×10^{-6}/h。以单元 1 为例,其比例系数 K_1 为

$$K_1 = \lambda_1^{\text{old}}/\lambda_s^{\text{old}} = 33.5/312.5 = 0.1072$$

则新产品对应单元的故障率为

$$\lambda_1^{\text{new}} = \lambda_s^{\text{new}} \cdot K_1 = 180 \times 10^{-6} \times 0.1072 = 19.296 \times 10^{-6}/\text{h}$$

同理也可计算出其他单元在新产品可靠性分配中的具体数值。

5.1.3 可靠性的预计

可靠性预计是在设计阶段对产品系统的可靠性进行定量的估计,是依据历史的产品可靠性数据、系统的构成和结构特点、系统的工作环境等因素来估算组成系统的部件及系统的可靠性。系统的可靠性预计是根据组成系统的元件、部件的可靠性来综合估计的。与可靠性分配分析的自顶向下、由总体到部分的方向恰恰相反,可靠性预计是一个自底向上、从局部到总体的一种可靠性综合分析过程。

可靠性预计的目标和用途主要有:

(1) 对比预计的结果和要求的结果,评价能否满足要求的可靠性指标;

(2) 在方案阶段,通过可靠性预计,对比分析不同方案的实施效果,为最优或最满意的方案提供支持与依据;

(3) 在设计阶段,通过可靠性预计发现关键与薄弱环节,以采取相应的预防性措施,改善可靠性;

(4) 为可靠性增长试验、检验和费用核算等环节提供对照依据;

(5) 为可靠性分配的合理性和正确性提供检验的基础。

与可靠性分配一样,可靠性预计也有很多方法,这里主要介绍评分预计法和元器件计数法。

1. 评分预计法

评分预计法是依靠有经验的专家或专业人员,对划分的几种关键影响因素进行评分。评分所需考虑的变量可由具体产品的特点所决定。按照评分结果,由已知的某单元可靠性,根据评分系数计算出其余各单元的预计值,需要已知产品中某一单元的故障数据。各单元之间应为串联连接,且产品中仅个别单元有故障数据。

常用的评分预计法需考虑的因素见表 5.3,每种因素的评分都限定为 1~10(一般取整),包括边界点。

表 5.3　评分预计法一般考虑因素

因　　素	评　分　细　则
复杂度	根据组成单元的零部件数量以及组装的难易程度评定,最复杂单元的记 10 分,最简单的单元记 1 分
技术成熟度	根据组成单元的技术成熟度评定,最不成熟的单元记 10 分,最成熟的单元记 1 分
工作时间比率	根据组成单元的工作时间长短来评定,工作时间最长的记 10 分,工作时间最短的记 1 分
环境严酷度	根据组成单元所处的环境严酷程度来评定,工作过程会经受严酷环境条件的记 1 分,环境条件最好的记 10 分

若其中某一单元的故障率为 λ_0,则其他单元的故障率 λ_i 可表示为

$$\lambda_i = \lambda_0 \times C_i$$

其中,C_i 为第 i 个单元的评分系数。

评分预计法的步骤为。

(1) 明确待预计产品的可靠性指标,如故障率,分析待预计产品的特点,确定评分因素。

(2) 邀请行业专家和专业人员依照评分原则来为每个单元评分。

(3) 计算每个单元的评分系数 w_i,将每个单元的评分数值相乘,即

$$g_i = \prod_{j=1}^{4} r_{ij}$$

式中,g_i 为第 i 个单元的评分数;r_{ij} 为第 i 个单元、第 j 个因素的评分数,其中 $j=1$ 代表复杂度,$j=2$ 代表技术成熟度,$j=3$ 代表工作时间比率,$j=4$ 代表环境严酷度。

(4) 计算每个单元的评分系数 C_i,用每个单元的评分数 g_i 除以已知故障率单元的评分数 g_0,则有

$$C_i = \frac{g_i}{g_0}$$

(5) 计算每个单元的故障率 λ_i,用每个单元的评分系数 C_i 乘以已知单元的故障率 λ_0,即

$$\lambda_i = \lambda_0 \times C_i$$

(6) 计算系统的故障率 λ_s,即将各单元的故障率相加

$$\lambda_s = \sum_{i=1}^{n} \lambda_i$$

2. 元器件计数法

元器件计数法适用于电子产品初步设计阶段的可靠性预计,此时元器件的种类和数量大致已经确定,但具体的工作应力和环境等还尚未明确。

选用元器件计数法来进行产品的可靠性预计,需要提前掌握所用元器件的种类、数量、质量等级和产品的运行环境。

元器件计数法的预计模型为

$$\lambda_s = \sum_{i=1}^{n} N_i \lambda_{G_i} \pi_{Q_i} \tag{5-22}$$

其中,λ_s 表示产品总故障率的预计值;λ_{G_i} 表示第 i 种元器件的通用效率;π_{Q_i} 表示为第 i 种元器件的通用质量系数;N_i 为第 i 种元器件的数量;n 为产品所用元器件的种类数目。

元器件计数法的一般步骤如图 5.11 所示。

图 5.11 元器件计数法的一般步骤

总之,可靠性分配和可靠性预计都是可靠性设计分析的重要工作,两者相辅相成,相互支持。前者是自顶向下、由总到分的分解过程,后者是自底向上、由分到总的归纳过程。可靠性的分配结果是可靠性预计的目标,可靠性预计的相对结果是可靠性分配与指标调整的基础。在系统设计的各个阶段都要相互交替,反复多次进行,从而来保证产品最终可靠度和部件可靠度用于指导实践的准确性与合理性。

5.2 故障模式、影响及危害性分析

故障模式、影响及危害性分析(failure mode,effects and criticality analysis,FMECA)是一种应用非常广泛且行之有效的可靠性分析方法,对提升系统的安全性和可靠性有着重要作用。FMECA 是分析产品中所有潜在故障模式及

其对产品可能造成的所有影响进行评估的一种方法。由故障模式及影响分析(FMEA)和危害性分析(CA)两部分组成,其中 FMEA 是 FMECA 的基础部分,CA 是 FMEA 的拓展与延伸,只有先进行 FMEA 才能进行后续的 CA。三者之间的关系如下

$$FMECA = FMEA + CA$$

其中 FMECA 即故障模式、影响及危害性分析,是分析产品中所有潜在的故障模式及其对产品所造成的所有可能影响,并按每一个故障模式的严酷度及其发生的概率予以分类的一种自底向上进行归纳的分析方法;FMEA 即故障模式及影响分析,可描述为一组系统化的活动,其目的是发现和评价产品或过程中的潜在失效及其后果,找到能够避免或减少这些潜在失效发生的措施,并将上述的过程文件化;CA 即危害性分析,根据产品或部件故障所带来的影响程度评定。

通常来说,在一定情况下可以只进行 FMEA 工作,可以有选择性地实施 CA。所以,本节先对 FMEA 进行展开分析。

5.2.1 基本概念

在进行正式的介绍前,先对要使用的术语进行简单的介绍。

(1)故障原因。故障原因指导致产品发生故障或性能下降的原因,包括物理或化学过程、设计缺陷、制造工艺问题、零部件不合格等各种原因。

(2)故障机理。故障机理指引起产品故障的物理、化学或其他方面的过程。

(3)故障模式。故障模式指产品或零部件发生故障的具体形式,例如短路、开裂、过度磨损等。

(4)故障影响。故障影响指产品发生某种故障模式后会对产品、使用者造成哪些作用或影响。

(5)故障分析。故障分析指通过对故障产品的结构、使用过程或技术等进行研究,来鉴别故障模式、确定故障原因和失效机理的过程。

FMEA 是一组系统化、合作化的活动,它研究产品每一个组成部分可能存在的故障模式并确定每个故障模式对产品其他部分或产品功能产生的影响,其目的在于发现和评价产品设计和制造过程中潜在的故障模式及后果,并找到降低这些潜在故障模式发生的方法。通过 FMEA 分析对产品系统及其组成部件故障因素对产品的影响,可以确定具有严重后果的失效模式,从

而发现产品设计或加工过程中的关键活动或薄弱环节。FMEA 的结果可以给产品设计人员提供可靠性、维修性、安全性等多方面信息。

FMEA 作为一种有效的可靠性分析方法,广泛运用于许多场景。对于 FMEA,有两种使用广泛的标准,GJB/Z 1391—2006《故障模式、影响和危害性分析指南》和 ISO 16949《汽车行业质量管理认证体系》,本节依据 GJB/Z 1391—2006 的分类方法,把 FMECA 分为设计 FMEA 和过程 FMEA。当设计工作接近尾声,已完成产品设计图样、零部件配套明细表且其他工程文件已经确定时,需要使用设计 FMEA 对产品设计阶段的可靠性进行从下向上的分析,以便对 FMEA 反馈的薄弱环节及时采取纠正措施。过程 FMEA 是对产品生产过程中潜在故障模式的可靠性分析技术,它只关注制造工艺是否会给生产阶段的产品引入新的故障模式,而不关注设计阶段的可靠性问题。生产过程中的潜在故障模式会影响设计方案最终的呈现水平,还会影响产品实物的质量及可靠性。例如车门喷漆工序中,喷嘴可能会发生堵塞,导致上漆不够均匀或过薄等问题,最终会对车门的外观及耐腐蚀性造成影响。

5.2.2 FMEA 的基本步骤

1. 确定分析对象

在进行工作之前,首先应该明确产品功能模块,尽可能地对被分析产品进行全面、准确的定义。确定产品功能目标的首选方法是功能框图和可靠性框图。

功能框图是一种描述产品功能的方法。该方法不注重于产品的原理、结构、工作流程等,而只表示产品各组成单元能实现的功能、所承担的任务及功能间的联系,还有产品各层次间的功能逻辑顺序。可靠性框图是一种描述产品结构、产品可靠性和子系统可靠性关系的方法。它不对产品的功能模块进行反映,只是表述产品中各单元故障影响的逻辑关系。

2. 分析故障模式

故障模式分析是从产品的运行状态、故障判断、硬件特征等角度,列举出产品在不同阶段所有可能的故障发生现象和形式。常用的产品故障模式分析方式有。

(1) 相似产品法。相似产品法是以相似产品或旧版本产品在过去使用过程中搜集到的产品故障数据为参考,根据不同的使用环境,判断新的故障模式。

（2）功能结构法。功能结构法指如没有相似产品可参考,则可以根据产品的结构特点及功能原理对故障模式进行分析和预测。

（3）标准手册法。标准手册法指对于经常使用的零部件的失效模式,可以从国内外的数据库、手册和标准中查找。

3. 分析故障原因

分析产品发生故障的原因可以从直接原因和间接原因两个方面入手。直接原因指导致产品发生功能故障或潜在故障的设计失误、制造缺陷等;间接原因包括除产品设计和制造环节之外的外部因素,例如相邻部件故障的间接影响、测试设备存在问题和人为因素等。此外,在对产品故障进行原因分析时需要挖掘出每一个故障模式背后多种潜在的故障原因,有时一种故障模式可能对应多种故障原因。

不要将故障模式与故障原因弄混淆,故障模式是产品发生故障时可被观测到的直接现象,而故障原因是由产品设计、制造或外部环境中存在的问题所导致的。

4. 预估故障影响和严酷度评价

故障影响预估指当某种故障模式发生时,该故障会对产品自身或其他产品的使用、功能和状态产生的影响。严酷度指该故障影响可能造成后果的严重程度,取值为 $1\sim10$ 的整数。严酷度等级评价标准如表5.4所示。

表 5.4 严酷度等级(S)评价标准

评价等级	严酷程度	评价标准
1,2,3	轻度	导致产品发生非计划内的维修;有小部分的最终使用者可发现产品有缺陷或部分的故障影响可忽略
4,5,6	中等	大部分的最终使用者对产品不满意;部分产品不经筛选而被归为报废,会对环境造成中等程度的损害;产品可正常运行,但性能有所下降
7,8	严重	产品的基本功能丧失,导致最终的使用者非常不满意;产品的故障将危及作业人员的人身安全,产品的报废或修理会对环境造成严重的影响
9,10	灾难	产品的大部分功能丧失或直接毁坏;产品故障会造成人员的伤亡和环境安全的严重危害

表 5.4 简单表示了严酷度评价标准。实际使用过程中应根据具体产品对严酷度评价标准进行具体设计。

5. 发生概率和检测难度等级评价

发生概率是评价某种故障模式在产品使用过程中实际发生的可能性,称为发生概率等级(O)。检测难度指在产品设计过程或加工过程中,如果发生了某种故障模式被检测出来的可能性,称为检测难度等级(D)。发生概率和检测难度等级评价标准如表 5.5 和表 5.6 所示。

表 5.5 发生概率等级(O)评价标准

评价等级	故障模式发生概率	发生可能性
1	$P_O \leqslant 1 \times 10^{-4}$	极低(该故障不太可能发生)
2	$1 \times 10^{-4} < P_O \leqslant 5 \times 10^{-4}$	低(该故障很少发生)
3	$5 \times 10^{-4} < P_O \leqslant 1 \times 10^{-3}$	
4	$1 \times 10^{-3} < P_O \leqslant 2 \times 10^{-3}$	中等(该故障偶尔发生)
5	$2 \times 10^{-3} < P_O \leqslant 5 \times 10^{-3}$	
6	$5 \times 10^{-3} < P_O \leqslant 1 \times 10^{-2}$	
7	$1 \times 10^{-2} < P_O \leqslant 2 \times 10^{-2}$	高(该故障经常发生)
8	$2 \times 10^{-2} < P_O \leqslant 5 \times 10^{-1}$	
9	$5 \times 10^{-1} < P_O \leqslant 1 \times 10^{-1}$	很高(该故障持续发生)
10	$P_O > 1 \times 10^{-1}$	

表 5.6 被检测难度等级(D)评价标准

评价等级	评价标准	被检测难度
1	肯定可以被检测出	肯定
2	几乎肯定被现有手段检测出	很高
3	有很大的可能被现有的检测手段检测出	高
4	现有的检测手段基本上能检测出	中上
5	基本上能被现有手段检测出	中等
6	现行的检测手段可以检测出	小
7	现有的检测手段有很小的机会检测出	很小

续表

评价等级	评价标准	被检测难度
8	现行的检测手段只有微小的机会能检测出	微小
9	现有的检测技术难以检测出该故障	极小
10	该故障无法被检测到	几乎不可能

6. 风险优先数计算

风险优先数(risk priority number,RPN)是产品设计或制造过程中潜在工艺故障模式的风险等级评定,它从严酷度、发生概率、被检测难度三方面综合性地考量工艺故障后果的严重性。其中 RPN 值越大,表明该工艺故障模式发生后导致的后果越严重。

风险优先数表示为严酷度等级(S)、发生概率等级(O)和被检测难度等级(D)三者的乘积,即满足

$$RPN = S \times O \times D$$

7. 改进措施

应对不同失效模式下的风险优先数进行排序,针对 RPN 值高、排名靠前的故障模式提出工艺上或设计上的改进措施。通常来说,不论 RPN 值的大小如何,严酷度为灾难性的故障,应充分发掘背后的故障原因,尝试通过制造工艺和产品设计上的改进或者装配过程中的控制、预防性措施等,减低该故障模式的风险值。无论在何种状态下,当某个故障模式的后果可能对参与人员产生危害时,都应该积极地采取防护或改进措施,以减少该故障模式发生的可能性。对工艺上或设计上没法改进的故障模式,应该具体说明原因。

【例 5-8】 某型号中性笔的可靠性框图如图 5.12 所示,请对该产品进行设计 FMEA 分析并根据 FMEA 结果提出改进意见。

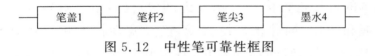

图 5.12 中性笔可靠性框图

解:根据中性笔的使用功能、结构特点绘制故障模式影响分析表,如表 5.7 所示。

表 5.7 中性笔 FMEA 分析表

编号	部件名	故障模式	故障影响	故障原因	S	O	D	RPN	改进措施
1	笔盖	开裂	笔盖合不上	材料缺陷；运输中损坏	3	5	2	30	对原材料加以严格控制；采用合理的包装方式
		氧化	笔盖泛黄	工艺质量差	2	7	3	42	选择抗氧化的塑料材质
2	笔杆	断裂	难以握持	受压不均；老化	3	4	2	24	对笔杆进行压力测试；选用耐磨性更好的原材料制作笔杆
3	笔尖	磨损	划纸；墨迹不连续	加工工艺缺陷	3	4	7	84	加强笔尖钢珠的强度；严格控制生产过程；提升现有的加工工艺
		脱落	不能控制墨水流量	工艺缺陷；检测不足	7	6	1	42	在加工过程中加强对钢珠的质量检验
4	墨水	漏液	使用寿命变短	气温变化；墨水浓度低	6	3	3	54	使用油基墨水，增加墨水黏稠性；加入添加剂，提升墨水熔点

采用归纳的方法进行单一故障分析，但是仅可以进行定性分析。由于该方法容易掌握和应用，因此被广泛接受，已经实现标准化。其缺点是只可以分析硬件产品，分析的时间周期较长，且经常忽视故障发生与人为主观因素之间的关系。

5.2.3 危害性分析

故障模式、影响及危害性分析(FMECA)包括故障模式及影响分析(FMEA)和危害性分析(CA),目的在于查明一切可能的故障模式,以便通过修改设计或采取其他的预防性或反馈控制措施来减轻甚至消除其影响的危害性程度,最终目的是提高系统的可靠性、安全性和可维修性。5.2.1 节和 5.2.2 节已较为详细地介绍了 FMEA 及其基本实施步骤,现在来主要讨论故障的危害性分析。

对于一种故障模式,在某一危害度级别下,其危害度数字的计算方法为

危害度数字＝故障模式故障率×故障影响发生概率×工作时间(工作次数)

危害度分析的目的是按照危害性级别及其危害度数字或故障发生时间的综合影响来对 FMEA 所确定的每一种故障模式进行分级。

危害度分析有定性和定量分析两种方式。其中,计算危害度数数字时为定量分析,评定发生的概率时为定性分析。

为了定量度量由于设计上的错误或产品故障而造成的最坏潜在影响,规定一个危害性级别一般分为四个等级。

Ⅰ 类——灾难性故障。灾难性故障是指会造成操作人员死亡或使系统毁坏的故障。

Ⅱ 类——致命性故障。致命性故障是指会导致人员严重受伤,器材或系统严重损坏,从而导致任务失败的故障。

Ⅲ 类——中等故障。中等故障将使人员中等程度受伤,器材及系统中等程度损坏,从而导致系统不工作。

Ⅳ 类——轻度故障。轻度故障的严重程度不足以造成人员受伤、器材或系统的损坏,但这些损坏会导致非计划性维修。

在这里,针对危害性的分析方法,简要介绍评分排序法。

评分排序法是对产品每一个故障模式的评分值进行排序,并采取相应的措施,使评分值达到可接受的最低水平。

产品某一个故障模式的评分值 C_{EO} 等于该故障模式的严酷度等级(ESR)(见表 5.8)和发生概率等级(OPR)(见表 5.9)的乘积,即

$$C_{EO} = ESR \times OPR$$

其中, C_{EO} 的值越高,意味着该故障模式的危害性越高。

表 5.8 故障模式的严酷度等级（ESR）

评分等级	严酷度等级	故障影响的严重程度
1,2,3	轻度	不足以导致人员伤害或轻度经济损失或产品轻度损坏及环境损害，但它会导致非计划性的维修或修理
4,5,6	中等	导致人员中等程度伤害或中等程度的经济损失或导致任务延误或降级、产品中等程度损坏及中等程度的环境损害
7,8	致命	导致人员的严重伤害或重大经济损失或导致任务失败、产品严重损坏及严重的环境损害
9,10	灾难	导致人员死亡或产品毁坏及不可弥补性环境损害

表 5.9 故障模式的发生概率等级（OPR）

评分等级	故障模式发生的可能性	故障模式发生概率 P_m 参考范围/h
1	极低	$P_m \leqslant 10^{-6}$
2,3	较低	$1 \times 10^{-6} < P_m \leqslant 1 \times 10^{-4}$
4,5,6	中等	$1 \times 10^{-4} < P_m \leqslant 1 \times 10^{-2}$
7,8	高	$1 \times 10^{-2} < P_m \leqslant 1 \times 10^{-1}$
9,10	极高	$P_m > 10^{-1}$

对于 C_{EO} 高的故障模式，应从降低故障发生率等级和故障影响严酷度等级两个方面提出改进措施。当所提出的各种改进措施在产品设计或保障方案中落实后，应重新计算各故障模式新的 C_{EO} 值，并按改进后的 C_{EO} 值对故障模式进行排序，直到 C_{EO} 值降至一个可接受的水平。

5.3 故障树分析

故障树分析法（fault tree analysis,FTA）也称失效树分析法，该方法研究的是引起整个系统出现故障这一事件的各种直接和间接原因（这些原因也是事件），并在这些事件之间建立相应的逻辑关系，从而确定系统出现故障原因的可能组合方式及其发生的概率。它是一种可靠性、安全性分析和预测的方法。

国家标准 GB/T 3187—1994《可靠性维修性术语》对故障树的定义是：在系统设计过程中，通过对可能造成系统失效的各种因素，包括硬件、软件、环境和人为因素等进行分析，画出逻辑框图即故障树，从而确定系统故障或失效原因的各种可能组合方式或其发生的概率，以计算系统最终的失效率，采取相应的纠正措施，以提高系统可靠性的一种设计分析方法。

不同于故障模式、影响及危害性分析自底向上的逻辑归纳方法,故障树分析是以一个不希望发生的产品故障事件或灾难性后果事件作为顶事件,采取自顶向下的逻辑演绎法,按层次对顶事件的故障因果进行剖析,逐层找出可能导致上一层次事件发生的必要且充分的直接原因,直到当前层的事件不可再继续分解。通过上述过程可以绘制出故障树的具体形状,它可以帮助可靠性工程师找出导致顶事件发生的所有可能原因的组合,在有基础数据时还可以推出顶事件的发生概率和底事件的重要程度等。

故障树分析的应用范围极其广泛。从横向维度来看,故障树分析可用于分析制造系统、服务系统等;从纵向维度来看,故障树分析可贯穿于产品的全生命周期,既可以作为产品研发阶段的设计工具,也可以作为产品使用阶段的事故分析方法。在设计阶段时进行故障树分析,可以帮助设计人员识别潜在的故障模式和危险因素,发现产品方案中的薄弱环节,从而采取措施改进设计,提升产品整体的安全性和可靠性;在生产或使用阶段,可以对已发生的故障进行诊断,为维修保养提供支持,还可以作为重大事故追根溯源办法。

5.3.1　FTA 的常用术语和符号

(1)顶事件。顶事件指产品系统最不希望发生的故障,位于故障树的顶端。该事件是已知的或设定好的,它是逻辑门的输出事件,不是输入事件。当产品最不希望发生的故障不止一个时,可以从产品功能角度加以分析,选择最关键的一个或几个故障作为顶事件。

(2)底事件。底事件指导致上层事件的原因事件,位于故障树的末端。该事件是需要推理才能得到的,作为逻辑门的输入事件,不是输出事件。底事件可以分为基本事件和未探明事件两种。

顶事件和底事件之间的事件称为中间事件,处于故障树的中部,即作为高一层的输入事件,又是低一层的输出事件,起到承上启下的作用。

故障树分析的常用符号主要分为事件符号和逻辑门符号,事件符号及其详细说明见表 5.10,逻辑门符号及其详细说明见表 5.11。

表 5.10　故障树分析常用的事件符号

序　号	名　称	符　号	说　明
1	基本事件	○	无须探明其发生原因的底事件

续表

序号	名称	符号	说明
2	未探明事件	◇	原则上需进一步探明,但暂时不必要或不能探明的底事件
3	结果事件	□	由其他事件或事件组合导致的事件,处于逻辑门的输出端,分为顶事件和中间事件

表 5.11 故障树分析常用的逻辑门符号

序号	名称	符号	说明
1	与门		仅当所有输入事件都发生时,输出事件才发生
2	或门		当至少有一个输入事件发生时,输出事件就发生
3	非门		输出事件是输入事件的对立事件
4	表决门	m/n	仅当 n 个事件中有大于或等于 m 个输入事件发生时,输出事件才会发生
5	异或门		仅当单个输入事件发生时,输出事件才会发生
6	顺序与门		只有当输入事件按一定顺序发生时,输出事件才会发生
7	禁门		若禁止条件成立,即使有输入事件也无输出事件

5.3.2 故障树建立的一般步骤

1. 准备工作

在对某产品故障建立故障树前,需要进行一系列准备工作,主要包括确定分析目标、熟悉产品对象、确定故障判断标准等。

2. 确定顶事件

顶事件是故障树的根节点。只有确定了根节点,才可以用故障树分析方法对故障问题层层分析。确定的顶事件不同,建立的故障树也不同。顶事件的确立需要遵循分析目的,选择最不希望发生的故障作为顶事件。确定顶事件的方法有三种:

(1)选择会显著影响产品系统稳定性、经济性、可靠性和安全性的故障作为顶事件;

(2)如果在 FTA 之前已经对产品进行过 FMECA 分析,那么可以选择严酷等级高的故障模式作为顶事件;

(3)将产品在生产、使用过程中发生的重大灾难、严重事故作为顶事件。

3. 自顶向下建立故障树

可以通过演绎推理法,以步骤 2 中确立的顶事件为基础,开展故障树建立工作。具体步骤如下:

(1)首先将已确立的顶事件写在故障树顶端的结果事件矩形框中;

(2)根据故障间的逻辑因果关系,用合适的逻辑门将当前层事件和下一层原因事件进行连接;

(3)逐级重复步骤(2),直到得到不能继续划分的底事件为止。底事件只可以用基本事件或未查明事件表示;

(4)根据故障树对系统进行可靠性的定性分析和定量分析。

4. 薄弱环节分析与建议

根据故障树的定性分析结果和定量分析结果,确定哪些底事件或最小割集是产品最为薄弱的环节,并提出相应的改进建议和措施。

最终就可以得到一棵以根节点为顶事件,叶子节点为基本事件或未查明事件,中间节点为中间事件的倒置多级故障树。

【例 5-9】 图 5.13 是某电气设备的示意图,请以故障"设备运转过热"为顶事件建立故障树。

解:选取"设备运转过热"作为顶事件,则故障有可能存在于该设备内部或者是设备输入的电流过大,才会导致设备发热严重。而如果设备输入电流过大,则可能是熔丝故障,没能起到保护电路的作用,或者是整个回路都存在电流过大的问题。再对回路进行分析,会发现该故障原因可能是电源输出电

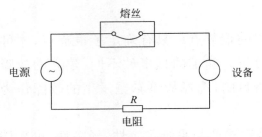

图 5.13 电气设备示意图

流过大,或者电阻发生故障,阻值变小。将上述分析过程绘制成如图 5.14 所示的故障树。

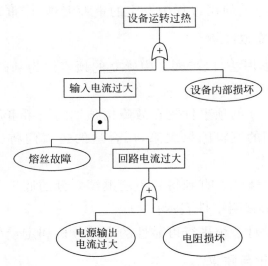

图 5.14 设备运转过热故障树

5.3.3 故障树的定性分析

故障树定性分析的目的是找到导致顶事件发生的所有故障事件组合,识别所有可能导致顶事件发生的故障模式。从数学的角度说,就是根据建立好的故障树,找出最小割集。定性分析可以帮助可靠性工程师识别潜在故障,从而提出改进措施,也可用于维修方案设计和故障诊断。

1. 割集和最小割集

割集是由故障树中的底事件所组成的集合。当集合中所有的底事件发生后,顶事件一定会发生。如果去掉某个割集中的一个底事件后的集合不再是割集,那么原来的割集就是最小割集。最小割集是割集的子集,它是引起顶事件发生的最低限度的集合。有几个最小割集,顶事件就有几个发生的途径。所以最小割集数目越多,系统越不安全,反之越安全。割集是顶事件发生的充分条件,最小割集是顶事件发生的充分必要条件。割集和最小割集是包含与被包含的关系,如图5.15所示。

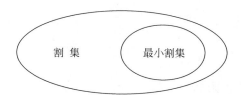

图5.15　FTA的割集与最小割集

以图5.14为例,该故障树有4个底事件,分别为设备内部损坏、熔丝故障、电源输出电流过大和电阻损坏,分别记为X_1、X_2、X_3、X_4;根据割集和最小割集的定义,可以容易看出该故障树有很多割集,例如$\{X_1\}$、$\{X_1,X_2\}$、$\{X_1,X_3\}$、$\{X_2,X_3,X_4\}$等,但最小割集的个数只有3个,分别为$\{X_1\}$、$\{X_2,X_3\}$、$\{X_2,X_4\}$。

2. 最小割集的求法

产品出现故障时,定性分析的重要任务就是寻找故障树的全部最小割集。上行法和下行法是确定最小割集的常用方法。

(1) 上行法。上行法指从底事件开始,自底向上地进行事件的集合运算,将与门的输出事件处理为输入事件的交,或门的输出事件看作输入事件的并,从最底层开始,逐级向上,运用布尔代数吸收率和等幂律来化简,最终得到的顶事件表示为底事件的和或积的形式,其中每个积项为一个最小割集。还是以图5.14为例,用上行法计算其最小割集。

将"回路电流过大"事件、"输入电流过大"事件、"设备运转过热"事件分别定义为M_2、M_1、T,则有

① $M_2 = X_3 \cup X_4$。

② $M_1 = X_2 \cap (X_3 \cup X_4) = (X_2 \cap X_3) \cup (X_2 \cap X_4)$。

③ $T = X_1 \cup M = X_1 \cup (X_2 \cap X_3) \cup (X_2 \cap X_4)$。

由此可得,最小割集为$\{X_1\}$、$\{X_2,X_3\}$、$\{X_2,X_4\}$。

(2) 下行法。下行法指从顶事件开始,自顶向下进行最小割集查找,将逻辑门的输出事件置换为输入事件。遇到与门将输入事件排在一个集合里,遇

到或门就将输入事件分别拆开组成新的集合,直到所有的中间事件都置换为底事件为止,这样得到的割集再通过两两比较,去掉那些非最小割集,剩下的即为故障树的全部最小割集。同样以图 5.14 的故障树为例,用下行法寻找最小割集,如下所示。

① $\{X_1\}$、$\{M_1\}$。

② $\{X_1\}$、$\{M_2, X_2\}$。

③ $\{X_1\}$、$\{X_2, X_3\}$、$\{X_2, X_4\}$。

3. 最小割集的定性比较

在找到故障树的最小割集之后,还需要对最小割集的重要度进行比较,称为最小割集的定性比较,常用来指明设计方向和维修安排次序等。通常认为满足以下几个条件的最小割集更重要,更需要关注。

(1) 阶数越小的最小割集越重要,例如例 5-9 中的最小割集 $\{X_1\}$ 的重要度大于最小割集 $\{X_2, X_4\}$。

(2) 根据最小割集的定义,可知低阶最小割集中的底事件比高阶最小割集中的底事件的重要度更高,如在例 5-9 的最小割集 $\{X_1\}$ 和 $\{X_2, X_3\}$ 中,底事件 X_1 的重要度大于底事件 X_3。

(3) 在最小割集的阶数相同时,最小割集中重复出现次数越多的底事件越重要。如在例 5-9 的最小割集 $\{X_2, X_3\}$ 和 $\{X_2, X_4\}$ 中,底事件 X_2 的重要度就大于 X_3 和 X_4。

当实际数据获取存在困难,很难开展定量分析的情况下,此时运用故障数的定性分析也可以达到发现薄弱环节、改进产品可靠性的目的。

5.3.4 故障树的定量分析

故障树定量分析的主要功能是通过底事件的发生概率和逻辑门的连接关系计算出顶事件的发生概率,其中顶事件发生故障的概率就是产品系统的累积失效概率 $F(t)$。如果底事件的发生概率已知并且彼此之间相互独立,那么可以通过上行法得到的集合关系表达式来计算顶事件发生的可能性。

一般情况下,在数个最小割集中都包含同一个底事件,即最小割集之间是相交的。此时为计算 FTA 中顶事件的发生概率 $P(T)$ 就需要用到相容事件的概率公式,即

$$P(T) = P(K_1 \bigcup K_2 \bigcup \cdots \bigcup K_i \bigcup \cdots \bigcup K_N)$$

$$= \sum_{i=1}^{N} P(K_i) - \sum_{i<j=2}^{N} P(K_i K_j) + \sum_{i<j<k=3}^{N} P(K_i K_j K_k) + \cdots +$$
$$(-1)^{N-1} P(K_1 K_2 \cdots K_N)$$

式中，K_i, K_j, K_k 分别为第 i, j, k 个最小割集；N 为最小割集的个数。

例如，假设底事件 X_1、X_2、X_3、X_4 发生故障的概率分别为 0.4、0.3、0.2、0.1，那么通过相容事件的概率公式可以计算得到顶事件发生的概率，即产品的不可靠度，如下所示

$$P(T) = P[X_1 \cup (X_2 \cap X_3) \cup (X_2 \cap X_4)]$$
$$= P(X_1) + P(X_2 X_3) + P(X_2 X_4) - P(X_1 X_2 X_3) - P(X_1 X_2 X_4) + P(X_1 X_2 X_3 X_4)$$
$$= 0.4 + 0.06 + 0.03 - 0.024 - 0.012 + 0.0024$$
$$= 0.4564$$

可是当最小割集的个数 N 非常大时，使用该方法会产生组合爆炸的问题，使用计算机也很难处理。而且在实际的工程问题中，统计得到的底事件发生概率也不完全准确，因此没有必要对顶事件的概率精确计算。在实际使用过程中，通常只计算所有最小割集发生的概率和，而对最小割集之间的相交情况予以忽略，即产品故障发生概率可表示为

$$P(T) \approx \sum_{i=1}^{N} P(K_i)$$

5.3.5 动态故障树

随着科学技术特别是计算机技术的发展，各种控制技术广泛应用，许多系统的可靠性表现出动态性、依赖性、非单调性、多态性和随机性等动态特征。为了应对这些动态系统对可靠性分析带来的挑战，可通过引入动态逻辑门将传统的静态故障树扩展延伸为动态故障树(dynamic fault tree，DFT)，从而使其具有对动态系统进行建模和分析的能力。

动态故障树指至少包含一个动态逻辑门的故障树，把传统的故障树分析方法适用范围扩大到动态系统，能够对具有顺序相关、资源共享、可修复以及冷、热备份等特性的系统进行可靠性建模。

动态故障树采用图形符号的方式对动态系统进行建模，本质上是一种可靠性模型，而其分析方法仍旧需要可靠性基本理论的支持。此外，由于动态

故障树中包含了静态故障树,因此其分析过程还会使用到传统静态故障树的基本方法。

本节简要介绍动态故障树的基本概念和建模流程。

1. 动态故障树的基本概念

静态故障树模型涉及的逻辑门仅能表征系统各部件之间的静态逻辑组合关系。为了使故障树模型能够更好地处理与动态系统相关的各部件之间的顺序逻辑关系,美国的 Dugan 教授于 1992 年提出了用于表示动态系统动态工作关系的动态门,从而提出了动态故障树的概念。本小节将引用 Dugan 教授提出的动态门的定义,分别介绍各类动态门的特征行为和建模方法。

1) FDEP 门

在某些情况下,系统中某个事件的触发将会导致一些相关部件变得不可使用。换句话说,触发事件发生后,即使相关部件的失效也不再影响系统本身的状态,从而在系统的后续分析中,不再考虑这些相关部件。

功能相关(functional dependency,FDEP)门由以下三种事件构成。

(1) 触发输入事件。触发输入事件可以是一个基本事件,也可以是故障树中其他门的输出。

(2) 非相关输出事件。非相关输出事件主要反映触发事件的状态。

(3) 若干相关基本事件。相关基本事件在功能上依赖于触发事件,当触发事件发生时,相关基本事件会强制发生。

FDEP 门的图形符号如图 5.16 所示。FDEP 门的特征是当触发事件发生时,直接产出输出,而所有相关事件随即变为不可达或无法使用。任何相关基本事件的单个发生并不影响触发事件。FDEP 门的非相关输出事件并不对 DFT 中的其他结构产生影响,FDEP 门主要通过约束相关基本事件的行为达到控制系统工作过程的目的。

FDEP 门的一个典型应用是网络通信系

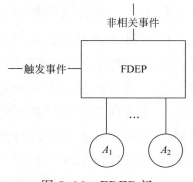

图 5.16　FDEP 门

统。当多个计算机连接到网络交换机时,网络交换机的失效将导致整个网络的瘫痪。此时,网络交换机的失效可以视作触发事件,而与网络交换机相连接的计算机将视作相关基本事件。

2) SEQ 门

顺序强制(sequence enforcing,SEQ)门的图形符号如图 5.17 所示。SEQ 门具有多个输入事件,并强制这些事件按照指定的顺序发生,即按照从左至右的顺序发生。对于图 5.17 所示的 SEQ 门,强制 $A_1, A_2, \cdots, A_n$ 按照从前至后的顺序发生失效。

3) PAND 门

优先与(priority AND,PAND)门是 AND 门的拓展,它在 AND 门的基础上增加了一个附加条件,这个条件规定了输入事件的发生次序。例如,对于具有一个输出事件和两个输入事件 A 和 B 的 PAND 门,当且仅当下列两个条件同时满足时,输出事件发生:

(1) 事件 A 和 B 都发生;

(2) 事件 A 比事件 B 先发生。

PAND 门的图形符号如图 5.18 所示。如果 A 或 B 没有发生或者 B 在 A 之前发生,则输出事件不会发生。

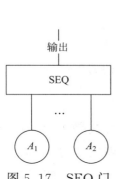 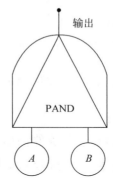

图 5.17　SEQ 门　　　　　图 5.18　PAND 门

与 SEQ 门相比较,PAND 门会检测输入事件是否按照指定的顺序发生(允许事件按照任意顺序发生),而 AEQ 门只允许输入事件按照指定的顺序发生。

利用马尔可夫链的状态转移图能够更好地理解 SEQ 门和 PAND 门的工作过程,如图 5.19 所示(用 $\{xy\}$ 表示部件 A 和 B 的状态,如$\{10\}$ 表示 A 失效,而 B 工作)。在生成 PAND 门的马尔可夫链时,违反输入事件发生顺序的链并不会导致系统进入失效的状态;而在生成 SEQ 门的马尔可夫链时,并不会产生任何违反输入事件发生顺序的链。

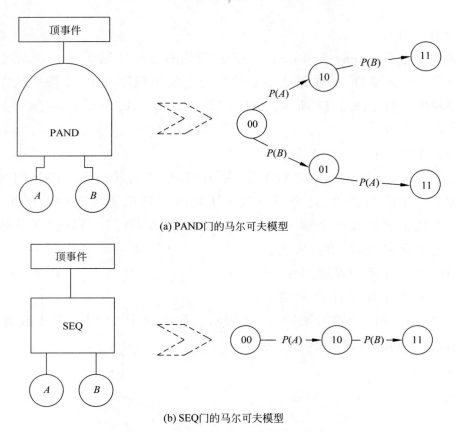

(a) PAND 门的马尔可夫模型

(b) SEQ 门的马尔可夫模型

图 5.19 PAND 门与 SEQ 门的比较

4）CSP 门

假设系统具有冷备件（在激活工作之前不会失效的备件），则其无法用静态的故障树技术来进行建模，因为这样的故障模式无法在同一个事件框架内用基本事件的组合进行表达。这种情况可用如图 5.20 所示的冷储备部件（冷备件）（cold spare，CSP）门来表达。

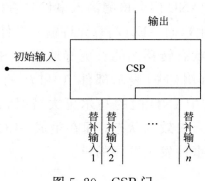

图 5.20 CSP 门

CSP 门有一个基本输入和一个以上的可选择输入,所有的输入事件都是基本事件。基本输入一开始就进入工作状态,而可选择输入则指那些一开始不工作只是作为基本输入的替代备件。所有的输入事件都发生之后,CSP 门的输出事件才发生。

5) WSP/HSP 门

温备件(warm spare,WSP)门具有一个初始输入和若干替补输入。初始输入指在系统开始工作时就处于工作状态的部件,替补输入作为温储备部件。在工作部件失效前,替补输入处于温储备状态(此时输入部件的失效率为正常工作时的 α 倍,其中 $0 \leqslant \alpha \leqslant 1$);工作部件失效后,替补输入逐个依次替补。WSP 门具有一个输出事件,仅当所有的输入事件(初始输入和替补输入)发生后,输出事件才会发生。WSP 门的图形符号如图 5.21 所示。

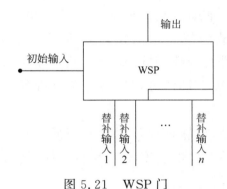

图 5.21　WSP 门

热备件(hot spare,HSP)门是 WSP 门的特例。热储备状态对应于温储备状态时,$\alpha=1$。事实上,CSP 门也可作为 WSP 门的特例,即热储备状态对应于冷储备状态时,$\alpha=0$。

2. 动态故障树的基本建模过程

动态故障树的构建流程如图 5.22 所示,包括准备工作、确定顶事件、确定底事件、建立故障树、规范和简化、计算与分析。

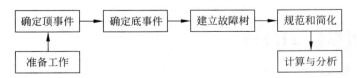

图 5.22　动态故障树的建模过程

(1)准备工作。动态故障树的构建首先要明确目标系统的结构、系统的工作条件、确定分析的目的和内容。这一过程可以通过收集系统设计说明书、原理图、运行规程、有关数据库和维修规程资料来进行。

(2)确定顶事件。在大多数情况下,可以针对不同的目标构建满足多种不同需求的动态故障树,这里所说的目标即为顶事件。当不希望系统发生的事件数目很多的时候,需要从系统的主要技术指标、经济性、可靠性、安全性或其他关键的衡量指标出发,选定一个最不希望或者影响程度最大的事件作为顶事件。

(3)确定底事件。底事件是导致系统发生故障和失效的最基本原因,不可再继续分解,也是对静态、动态故障树进行定性和定量分析时的输入参数。

(4)建立故障树。一般动态故障树模型的建立有两种方法,即演绎法和计算机辅助法。计算机辅助法只需要输入相关底事件及其之间的关系,计算机程序便会自动生成故障树。相比较计算机辅助建模法,演绎法则应用更广。与建立静态故障树的步骤相同,演绎法从顶事件开始,自顶向下,逐级进行分解,直至底事件层级。具体过程可参考前文介绍的静态故障树的建模方法,这里不再赘述。

需要特别强调的是,与静态故障树有所不同。动态故障树在建模的过程中必须列出每一个结果事件的所有输入事件;如果遗漏了重要的输入事件,那么动态故障树的分析将失去意义。

(5)规范和简化。规范和简化的目的是在不改变其代表的逻辑函数条件下,将故障树的形式进行简化,去掉不必要的逻辑门和事件,尽量使动态故障树DFT中仅含有简单的典型逻辑门,以便后续的故障树结果的求解和进一步分析。

(6)计算与分析。主要通过蒙特卡洛仿真等方法对动态故障树进行定性和定量分析,定性分析包括获取动态故障树的最小割序集;定量分析与静态故障树相似,一般包括顶事件发生概率、结构重要度、概率重要度以及相对概率重要度等的计算与分析。

5.4 可靠性设计准则

5.4.1 概述

可靠性工程的核心是持续不断地与故障做斗争。与故障做斗争的设计方法又可以分为可靠性定性设计分析和可靠性定量设计分析。可靠性设计准则是把已有的、相似产品的工程经验总结起来,使其条理化、系统化和科学化,成为设计人员进行可靠性设计所遵循的细则和应满足的要求。制定并贯彻可靠性设计准则是设计人员开展可靠性设计的途径,普遍适用于电子、机电、机械等各类产品和装备、系统、分系统、设备等各产品层次。

通过制定并贯彻可靠性设计准则,可把有助于保证、提高可靠性的一系列设计要求融入产品中去。可靠性设计准则的主要作用与特点如下。

(1) 可靠性设计准则是进行可靠性定性设计的重要依据。为了满足规定的可靠性设计要求,必须采取一系列可靠性设计技术,制定和贯彻可靠性设计准则是其中的一项重要内容。可靠性设计准则作为研制规范,在设计中必须逐条予以实施。

(2) 贯彻可靠性设计准则可以提高产品的固有可靠性。产品的固有可靠性是设计和制造所赋予产品的内在可靠性,是产品的固有属性和内在特征。设计人员在设计中遵循可靠性设计的准则,可以更好地避免一些不该发生的故障或失误,从而提高产品的固有可靠性。

(3) 贯彻可靠性设计准则是实现与产品性能设计同步的有效方法。设计人员只要在设计过程中认真贯彻落实可靠性的设计准则,就可以把具体的可靠性要求设计到产品中去,使产品的性能设计和可靠性设计能相互有机地结合。

(4) 可靠性设计准则是研制实验的总结与升华。可靠性设计准则是以往产品研制实验的结晶,是一项宝贵的技术财富。可靠性设计准则用于指导设计人员进行可靠性设计,保证实现产品合同规定的可靠性要求。制定并实施可靠性的设计准则不仅有利于企业经验和知识的传承,还能为年轻设计人员的成长提供帮助。

可靠性设计准则对企业的适用性和针对性强。通用标准、手册提供的可靠性设计准则往往不能直接用于具体的产品型号,需要根据特定产品型号的具体需要和特征,一方面要尽量吸收通用标准和手册中可靠性设计准则的精华,另一方面也要进行合理的裁减,去掉对该产品不适用的内容和条款。此外,还要充分运用研制单位的工程设计经验和专家智慧,将可靠性设计准则中的条款予以细化,从而提高准则的适用性和可操作性。

需要注意的是,可靠性设计准则在方案阶段就应该着手制定,并在初步设计和详细设计阶段认真贯彻实施,在实际应用中提供设计准则的信息反馈支持。

产品可靠性设计准则是在产品设计中能够直接贯彻实施的可靠性设计要求细则与保证措施,可靠性设计准则文件的基本内容包括概述、目的、边界条件、依据、可靠性设计准则等。

5.4.2 通用可靠性设计准则

通用可靠性设计准则不针对某一特定的产品领域,是可靠性设计研究中的一般性准则,适用于绝大部分的产品。

1. 简化设计

简化设计是指产品在设计过程中,在满足战术、技术要求的前提下尽量简化设计方案,尽量减少零部件、元器件等的规格、品种和数量,并在保证性能的前提下达到最简化的状态,以便于制造、装配、维修的一种设计措施。例如,尽可能实现零部件的标准化、系列化和通用化,控制非标准零部件的比例;尽可能减少标准件的规格、品种数;争取用较少的零部件实现多样的功能;尽可能采取模块化的设计选择等。

1)简化设计的基本原则与主要技术

(1)应对产品功能进行分析和权衡,合并相同或相似的功能,去除不必要的功能或结构。

(2)应在满足规定功能要求的条件下,使其设计尽量简单,尽可能减少产品层次和组成单元的数量及种类。

(3)尽量减少执行冗余功能的零部件、元器件的数量及种类。

(4)应优先选用标准化程度高的零部件、紧固件与连接件等。

(5)最大限度地采用通用的组件、零部件、元器件,并减少其种类。

(6)采用不同工厂生产的相同型号成品件时必须能实现安装互换和功能互换。

(7)修改产品时,不应改变其安装和连接方式以及有关部位的尺寸,使新旧产品可以互换安装。

2)简化设计的形式和基本步骤

简化设计根据其简化内容可分为定性级别简化和定量级别简化,即零部件结构简化和零部件数目和品种简化。

简化设计的基本步骤包括两个阶段。

阶段一:在设计阶段进行功能分析,确定所有的元器件、零部件对于完成设计功能的要求都是必需的,尽量去除不必要的部分。

阶段二:在构型阶段尽量使用集成部件,以减少系统中部件的数目和品种,尽量保证剩余部件不承受超出标准和限度的应力水平。

2. 冗余设计

冗余设计是提高产品可靠性的一个重要途径,也是可靠性设计时需要考虑的一个关键方面。

(1) 当简化设计、降额设计及选用高可靠性零部件仍不能满足任务可靠性要求时,应该采用冗余设计方案。

(2) 在重量、体积、成本允许的情况下,选用冗余设计比其他可靠性设计方法能更好地满足可靠性的标准。

(3) 影响任务成功的关键部件如果具有单点故障模式(指系统中某一点或部分故障或失效,就会导致整个系统无法工作的部件),则应考虑采用冗余设计技术。

(4) 硬件的冗余设计一般在较低层次使用,如设备、部件等;功能冗余设计一般在较高层次进行,如分系统、总系统等。

(5) 冗余设计应该重视冗余切换装置的设计,必须考虑切换装置的故障率对系统的影响,尽量选择高度可靠的切换装置。

(6) 若产品故障或失效事件的发生会导致致命或严重的后果,应考虑采用冗余设计技术,如飞机采用多个发动机的设计。

(7) 冗余设计应考虑对共因故障(即因特定的单一事件或起因导致若干装置或部件功能失效的故障)的影响。

3. 热设计

产品在运行的过程中都会产生热量,随着时间的累积和热量效应的递增,就可能会给产品的结构或者功能造成负面的影响。因此,在产品可靠性设计阶段,要充分考虑到产品的产热、散热等方面的问题,一般可参照以下设计原则。

(1) 传导散热设计。选用导热系数大的材料,尽量缩短热传导的路径且在传导路径中不应有绝热或隔热件。

(2) 耐热设计。靠近高温区的所有组件或连接件均应采取防护措施并用耐高温材料制成。

(3) 尽量利用金属外壳或底盘散热方式。

(4) 对流散热设计。加大温差,加速产品与环境之间的热量传导速率。

(5) 辐射散热设计。在发热体表面涂上散热涂层以增加黑度系数,加大辐射体的表面面积等。

5.5 本章小结

本章首先向读者介绍了一般可靠性模型的建立步骤、常见可靠性框图类型(串联模型、并联模型及组合模型)的分析方法、可靠性分配的基本流程及方法(如平均分配法、代数分配法和比例分配法)、可靠性预计的基本流程及方法(如评分预计法和元器件计数法)。

其次介绍了故障模式、影响及危害性分析的基本概念和展开步骤,介绍了故障树分析法的基本概念、创建流程及求解分析方法,并对割集结果进行了定性与定量分析的对比和解释。

最后对通用可靠性设计准则进行了简要的说明。

习题 5

1. 可以作为 FTA 顶事件的是(　　)。
   A. 灯管不亮　　　　　　　　　　B. 短路
   C. 开关故障　　　　　　　　　　D. 线路老化

2. 假设第 i 个单元的可靠度为 $R_i(t)$,则并联系统的可靠度为(　　)。
   A. $\prod_{i=1}^{n} R_i(t)$　　　　　　　　B. $\prod_{i=1}^{n} [1-R_i(t)]$
   C. $1-\prod_{i=1}^{n} [1-R_i(t)]$　　　　D. $1-\prod_{i=1}^{n} R_i(t)$

3. 可靠性分配是一个(　　)的过程,可靠性预计是一个(　　)的过程。
   A. 自顶向下,自顶向下　　　　　B. 自顶向下,自底向上
   C. 自底向上,自顶向下　　　　　D. 自底向上,自底向上

4. 下列产品故障根据严酷度等级划分正确的是(　　)。
   A. 汽车自燃属于Ⅰ类
   B. 汽车尾灯不亮属于Ⅰ类
   C. 汽车胎压过低属于Ⅳ类
   D. 汽车收音机故障属于Ⅱ类

5. 有一串联系统由 A 和 B 两个元件构成且相互独立工作,已知在 t 时刻,A 的可靠度为 $R_A(t)=0.75$,B 的故障率 $\lambda_B(t)=0.2$,规定该系统在 t 时刻的可靠度低于 $R(t)=0.85$ 就要进行维修,请问该系统在 t 时刻是否需要进行维修?

6. 有一个串并联混合系统如图 5.23 所示,系统共由三个元件 A_1、A_2、A_3 构成,连接方式如图 5.23 所示,其中 3 个元件在稳定状态下可靠度分别为 $R_1=0.7$,$R_2=0.85$,$R_3=0.9$,请问该混合系统在稳定状态下的可靠度是多少?

图 5.23 混合系统框图

7. 设某机械设备首次故障时间的失效概率密度函数为 $f(t)=1-\exp\left(-\dfrac{t^2}{2}\right)$,问该产品的失效概率密度函数是什么?

8. 某一产品的故障分布函数为指数分布,其平均故障间隔时间为 150h,问该产品工作 20h、50h、80h 不发生故障的概率是多少?具有哪些规律或特征?

第6章 基于质保数据的产品质保成本建模

本章学习目标

- 了解影响质保成本的主要因素
- 熟练掌握可修系统的随机过程模型,了解各种随机计数过程的特点与应用背景
- 了解可修和不可修产品的常见一维质保成本模型
- 掌握二维质保产品故障建模的主要方法和质保成本分析方法

在质保服务范围内,为修复故障所产生的维修、人工、物流等相关费用统称为质保成本。发生索赔的概率取决于产品的可靠性,索赔服务为厂商带来了额外的费用,精确地分析和预测质保成本,对于厂商制定产品价格和售后服务策略具有重要意义。

6.1 影响质保成本的主要因素

产品的故障将直接导致质保索赔,而产品的故障主要取决于产品可靠性、维修策略、顾客的使用强度和操作环境等因素。当制造商或零售商将产品交付给顾客后,产品的现场可靠性将影响产品故障率。在质保期内,当产品发生故障时,顾客会向厂商提出索赔,厂商根据事先制定的质保政策,如质保期、质保服务条款

以及免责条款等内容,核验顾客的产品索赔要求。当顾客的索赔要求符合产品质保政策时,厂商将对故障产品进行维修或更换,并将修复后的产品返还给顾客。

实质上,质保成本主要由两个关键因素决定:质保政策和产品的故障模式,后者取决于产品的寿命分布。虽然每个决定性因素都是很多因素的函数,但本章所讨论的成本模型需要这两个决定性因素的精确输入。

6.2 随机计数过程

随机过程$\{N(t), t \geq 0\}$称为计数过程。如果$N(t)$表示到时刻t时发生的事件总数,则计数过程$N(t)$必须满足:

(1) $N(t) \geq 0$;

(2) $N(t)$取值为整数;

(3) 如果$t_1 < t_2$,那么$N(t_1) \leq N(t_2)$;

(4) 对于$t_1 < t_2$,$\{N(t_2) - N(t_1)\}$代表在(t_1, t_2)时间段内发生事件的数量。

随机过程是对产品维修过程进行建模的有力工具。对于一个可修复的产品,我们把"运行—故障—修复"这样一个过程定义为产品的维修周期。新产品从开始使用到最后报废,会循环经历多个这样的维修周期。依据产品故障率随时间的变动过程,产品在首次故障前时间的分布函数与后续维修周期中故障前时间的分布函数不一定相同。随机计数过程可以用一段连续时间内随机出现的独立事件来刻画。在维修领域里,一段时间对应新产品从开始使用到废弃的过程,独立事件表示产品发生的故障,用$T_1, T_2, \cdots, T_n$来表示故障发生时刻。在实际情况下,维修时间通常远小于产品正常工作的时间,所以为了不使模型过于复杂,对维修时间忽略不计。

假设第k次出现故障的时间表示为T_k,$T_0 = 0$,而$X_k = T_k - T_{k-1}$表示第$k-1$次和第k次故障之间的间隔时间。第k次故障发生时间T_k满足$T_k = \sum_{i=1}^{k} X_i$,且$E(T_k) = \sum_{i=1}^{k} X_i$。$E(T_k)$表示平均故障间隔时间,是评价可修产品的关键指标。按照维修方式的不同,分别用不同的随机过程来描述产品的维修过程,即用更新过程来描述可修产品替换模式在时间维度上的变化过程;同理,对于最小化维修产品,用对应的非齐次泊松过程来描述;同一种特殊的过程如非齐次泊松过程在某些情况下也可以用来描述大修方式下产品的维修过程。

6.2.1 泊松过程

泊松过程按参数 λ 是否为常数可以简单划分为齐次泊松过程和非齐次泊松过程,其中非齐次泊松过程的单位时间到达率是随时间变化的函数,通常表示为 $\lambda(t)$。而根据独立更新过程的个数是否单一,又可将 k 个独立泊松过程组成的过程称为叠加更新过程。本节先介绍齐次泊松过程,然后从最小化维修的角度介绍非齐次泊松过程。

1. 齐次泊松过程

在时间区间 $(0,t]$ 内,系统故障次数满足以下三个条件的随机过程 $\{N(t); t \geq 0\}$ 是齐次泊松过程:

(1) $N(0) = 0$;

(2) $N(t)$ 具有独立增量,即对任意 n 及不相交的区间 $(a_i, b_i]$,$i=1,2,\cdots,n$,存在 $N(b_i) - N(a_i)$,$i=1,2,\cdots,n$ 相互独立;

(3) 对任意的 $0 \leq t < s$,$N(s) - N(t)$ 为参数为 $\lambda(s-t)$ 的泊松分布,即

$$P\{N(s) - N(t) = k\} = \frac{[\lambda(s-t)]^k}{k!} \exp\{-\lambda(s-t)\}, \quad k = 0, 1, \cdots$$

如果某产品的故障率为常数 λ,且在发生故障后立即更换或维修,那么在时间区间 $(0,t]$ 内,该产品的故障发生次数服从齐次泊松分布。故在 $(0,t]$ 的时间段内发生 k 次故障的概率 $P[N(t)=k]$ 为

$$P[N(t) = k] = \frac{\exp(-\lambda t)(\lambda t)^n}{n!}, \quad n = 0, 1, \cdots \quad (6\text{-}1)$$

泊松分布是离散的,在 $(0,t]$ 时间内发生故障次数的期望值为 λt,方差也为 λt。

式(6-1)从故障发生的次数角度来描述泊松分布,而服从泊松分布的故障间隔时间服从指数分布,故令 X_k 是服从参数为 λ 的指数分布,表示第 $k-1$ 次故障和第 k 次故障发生的间隔时间,有

$$T_k = \sum_{i=1}^{k} X_i \quad (6\text{-}2)$$

式中,T_k 表示第 k 次故障发生时刻。

由于 T_k 是 k 个相互独立且服从指数分布的随机变量之和,因此 T_k 是服

第6章 基于质保数据的产品质保成本建模

从参数为 k 和 λ 的伽马分布,则 T_k 的累积分布函数可表示为

$$P(T_k \leqslant t) = F_{T_k}(t) = 1 - \exp(-\lambda t) \sum_{i=0}^{k-1} \frac{(\lambda t)^i}{i!} \quad (6-3)$$

式(6-3)的现实意义为该产品在持续使用到 t 时刻时发生 k 次故障的概率。随机变量 T_k 的均值为 $\frac{k}{\lambda}$,方差为 $\frac{k}{\lambda^2}$。

式(6-1)和式(6-3)之间存在如下关系(可由式(6-3)推出式(6-1))

$$P[N(t)=k] = P(T_k \leqslant t) - P(T_{k+1} \leqslant t) = F_{T_k}(t) - F_{T_{k+1}}(t)$$

$$= \exp(-\lambda t) \left[\sum_{i=0}^{k} \frac{(\lambda t)^i}{i!} - \sum_{i=0}^{k-1} \frac{(\lambda t)^i}{i!} \right] = \frac{\exp(-\lambda t)(\lambda t)^k}{k!}$$

$$(6-4)$$

通过式(6-1)和式(6-3)可以确定在 $(0,t]$ 时间段内没有发生故障的概率,即第一次发生故障的时刻大于 t,相应的概率为 $P(T \geqslant t)$,记为 $R(t)$,则有

$$R(t) = P[N(t)=0] = \frac{\exp(-\lambda t)(\lambda t)^0}{0!} = \exp(-\lambda t) \quad (6-5)$$

泊松过程可以被用在库存问题中,例如确定对某故障间隔时间服从指数分布的部件,在保证其在 $(0,t]$ 时间段内可靠性水平 $R(t)$ 大于某阈值时,需要的库存备件数量。此时用 $R_S(t)$ 表示在有 S 个备件的情况下,部件发生故障后采取立即更换策略时,整个系统的可靠性。

【例 6-1】 某型挖掘机液压装置的故障率为 0.1 次/年。为了保障该挖掘机的正常使用,该公司购买了三套液压装置。如果该挖掘机的设计寿命为 15 年。问这三套液压装置能保障挖掘机在设计寿命前能一直正常工作的概率为多少?(不考虑其他部件发生损坏而导致挖掘机停止工作的情况)

解:根据题意可知故障率 $\lambda=0.1$ 次/年,故该液压装置的故障率为常数,且故障前时间服从指数分布,则在设计寿命内挖掘机发生故障的期望值为 $\lambda t = 0.1 \times 15 = 1.5$。由式(6-5)可得

$$R_3(15) = P[N(15) \leqslant 3] = \sum_{n=0}^{3} \frac{\exp(-1.5)1.5^n}{n!}$$

$$= \exp(-1.5)(1 + 1.5 + 1.125) = 80.88\%$$

该结果表示在 15 年的时间段内,有三套液压设备的情况下,该挖掘机能持续工作的概率为 80.88%。

那么该挖掘机第 4 次故障发生时间的期望值为多少呢？

令 T_4 表示第 4 次故障的发生时间，随机变量 T_4 服从参数 $\lambda=0.1$、$k=4$ 的伽马分布。因此发生第 4 次故障的期望时间为 $4/0.1=40$ 年。在 15 年内发生 4 次故障的概率为

$$P(T_4 \leqslant t) = F_{T_4}(15) = 1 - \exp(-1.5) \sum_{n=0}^{3} \frac{1.5^n}{n!} = 19.12\%$$

显然在 15 年内发生 4 次故障的概率也可表示为 $P[N(15) \geqslant 4]$，是 15 年内发生少于 3 次故障的补集

$$P[N(t)=k] = \exp(-\lambda t) \left[\sum_{i=0}^{k} \frac{(\lambda t)^i}{i!} - \sum_{i=0}^{k-1} \frac{(\lambda t)^i}{i!}\right] = \frac{\exp(-\lambda t)(\lambda t)^k}{k!}$$

(6-6)

2. 非齐次泊松过程

当可修系统的相邻故障间隔时间呈某种趋势时，可用非齐次泊松过程来描述，它是泊松过程的推广。若满足齐次泊松过程中的(1)和(2)，且(3)对任意的 $0 \leqslant t < s$，在 $(t,s]$ 中的故障数 $N(s)-N(t)$ 为参数 $\Lambda(t,s)=\int_t^s \lambda(u)\mathrm{d}u$ 的泊松分布，则 $\{N(t);t \geqslant 0\}$ 称作是一个非齐次泊松过程，即

$$P\{N(s)-N(t)=k\} = \frac{[\Lambda(t,s)]^k}{k!} \exp\{-\Lambda(t,s)\}, \quad k=0,1,\cdots$$

其中 $\Lambda(t)$ 是一个非负函数，称作强度函数，在这里等价于产品的失效率函数 $\lambda(t)$ 和首次失效的概率密度函数。

指数分布因为其无后效性、容易处理等特点，常被用来对产品使用过程中的故障情况进行简化建模。在这种假设下，产品的故障率 λ 为不随时间变化的常数。但是在实际情况中，产品的寿命函数不可能全部服从指数函数，例如"浴盆曲线"中存在故障率下降的早期故障期、故障率不变的偶然故障期和故障率上升的耗损故障期。将产品故障率 λ 表示为随产品使用时间变化的函数 $\lambda(t)$ 更贴合客观实际。

从维修的角度也能说明此事，通常情况下对于复杂产品的维修活动仅涉及其中几个零部件，而不会对产品整体状态有大改动。这种维修方式会使修复后的产品与故障发生前产品有相似的状态。因此，从最小化维修的角度出发，系统的故障间隔时间不再满足独立同分布的性质，系统的状态会随着使用时长的增加而逐步恶化，且故障间隔时间 X_i 的值会变得越来越小，即故障

发生频率越来越高。将一定时间内故障随机发生的情况看作一个随机计数过程是解决该类问题的有效手段。

介绍非齐次泊松过程前需要先说明故障发生率(rate of occurrence of failures,ROCOF),常用在对一定时间段内的故障及预防性维护效果进行建模。故障发生率表示在时间间隔$[t,t+\Delta t)$内发生一次故障的概率值。故障发生率的数学定义如下

$$\rho(t) = \lim_{\Delta t \to 0} \frac{P[N(t+\Delta t) - N(t) > 1]}{\Delta t} \tag{6-7}$$

因为当Δt趋向于无穷小时,在$[t,t+\Delta t)$时间段内发生故障大于或等于两次的概率可以看作0。由式(6-7)的形式可知故障发生率$\rho(t)$其实就是时间段$[0,t)$内期望故障发生数$E[N(t)]$对于时间t的导数,即

$$\rho(t) = \frac{dE[N(t)]}{dt} \tag{6-8}$$

但是不可将故障发生率与故障率$\lambda(t)$混为一谈。由故障率的基本定义可知$\lambda(t) = \frac{f(t)}{R(t)}$,表示在$[0,t)$内未发生故障的条件下,当前时刻产品发生故障的概率。同样$\lambda(t)\Delta t$表示该产品在正常使用t时间后在Δt时间内发生故障的概率。而$\rho(t)\Delta t$表示在Δt时间内发生故障的概率,不是条件概率。但是当产品发生故障时采取最小维修且维修时间可以忽略不计时,故障发生率函数等于故障率函数,即$\rho(t) = \lambda(t)$。Ascher和Feingold对这两个易混淆的术语给出了详细的解释。通过故障发生率函数$\rho(t)$可以推出$[0,t)$时间段内的期望故障发生数

$$E[N(t)] = \int_0^t \rho(s)ds = \Lambda(t) \tag{6-9}$$

t时刻的瞬时故障间隔时间为

$$\text{MTBF} = \frac{1}{\rho(t)} \tag{6-10}$$

同理可得$[t_1,t_2)$时间段内的平均故障间隔时间为

$$\text{MTBF}_{(t_1,t_2)} = \frac{t_2 - t_1}{E[N(t_2) - N(t_1)]} = \frac{t_2 - t_1}{\int_{t_1}^{t_2} \rho(s)ds} \tag{6-11}$$

分母表示在$[t_1,t_2)$时间段内期望故障发生数,定义

$$m(t_1,t_2) = E[N(t_2) - N(t_1)] \tag{6-12}$$

【例 6-2】 某机械设备每天工作 8h,且故障发生率函数为 $\rho(t)=\exp(-6+0.0005t)$,单位为 h。在运行 200 天后,故障发生率 $\rho(200\times 8)=0.0055$。问从 200 天到 1 年这个时间段内的平均故障间隔时间为多少。

解:由式(6-11)可得

$$\mathrm{MTBF}_{(1600,2920)}=\frac{1320}{\int_{1600}^{2920}\exp(-6+0.0005t)\mathrm{d}t}=127.99(\mathrm{h})$$

非齐次泊松过程在某种程度上说就是随机计数过程,齐次泊松过程和下一小节介绍的更新过程都是非齐次泊松过程的某种特殊形式。在时间段$[t_1,t_2)$内发生故障的概率分布可以表示为

$$P\{N(t_2)-N(t_1)=k\}=\frac{m(t_1,t_2)^k\exp[-m(t_1,t_2)]}{k!} \quad (6\text{-}13)$$

在 $t=0$ 时刻,系统发生故障的次数为 0,即 $N(t)=0$。

对于一个崭新的产品,其在 t 时刻的可靠性等于在$[0,t)$时间内没有发生故障的概率,表示产品在 t 时刻的可靠度,用 $R(t)$ 表示

$$R(t)=P[N(t)=0]=\exp[-m(0,t)] \quad (6\text{-}14)$$

假设产品在时间 T 发生故障并被修复,则产品在 t 时刻的可靠度为(此处设 $t>T$)

$$R(t\mid T)=P[N(t)-N(T)=0]=\exp[-m(T,t)] \quad (6\text{-}15)$$

式中,$m(T,t)$表示时间段$[T,t)$内产品发生的故障期望数。

满足 $\rho(t)=\lambda$ 的非齐次泊松过程即可视为一个齐次泊松过程,此时 $m(0,t)=\lambda t$。

6.2.2 更新过程

假设$\{N(t),t\geqslant 0\}$是一个计数过程,用 X_i 记录这个过程中第 $i-1$ 次与第 $i(i\geqslant 1)$ 次事件之间的时间。如果非负随机变量列$\{X_1,X_2,\cdots\}$是独立且同分布的,那么计数过程$\{N(t),t\geqslant 0\}$称为更新过程。

更新过程是泊松过程在事件发生间隔时间分布上的推广。当故障间隔时间 X_i 服从指数分布时,该过程称为齐次泊松过程;而当随机变量 X_i 服从其他分布时,该随机计数过程称为更新过程。

在介绍更新过程前先要说明更新函数。对于任意的更新过程,其均值函数也称为更新函数

$$M(t) = E[N(t)] = \sum_{k=1}^{\infty} kP\{N(t) = k\} \quad (6\text{-}16)$$

式中，$N(t)$ 表示 t 时刻该产品的故障发生次数；$P[N(t)=k]$ 表示该产品故障发生 k 次的概率，对发生次数从 1 到无穷大的加权平均就可以得到故障发生次数的期望值。

更新函数满足的积分方程可以通过对首次更新过程的事件所取的条件得到。假定故障间隔累积分布函数 $F(t)$ 是连续的，且有密度函数 $f(t)$，则有

$$M(t) = E[N(t)] = \int_0^\infty E[N(t)|X_1 = x] f(x) \mathrm{d}x$$

首次故障发生时刻 x 存在两种情况：① $x > t$；② $x \leqslant t$。对其进行分类讨论，即

$$E[N(t)|X_1 = x] = \begin{cases} 0, & x > t \\ 1 + M(t-x), & x \leqslant t \end{cases}$$

为了得到 $M(t)$，需要求 $E[N(t)]$ 的非条件期望值，即

$$M(t) = \int_0^t [1 + M(t-x)] f(x) \mathrm{d}x = F(t) + \int_0^t M(t-x) \mathrm{d}x$$

$$\lim_{t \to \infty} \frac{M(t)}{t} = \frac{1}{\mu} \quad (6\text{-}17)$$

式(6-17)表示产品在 t 趋于无穷大时，单位时间内发生故障的次数，也称为基本更新定理。分母上 μ 表示平均更新周期的长度。假设在维修时间忽略不计的情况下，μ 可用如下关系式表示

$$\mu = E(X_i) = \mathrm{MTBF} \quad (6\text{-}18)$$

由于在更新过程中，随机变量 X_i 满足独立同分布的性质，所以后续平均故障间隔时间等于首次故障平均时间，即 $\mathrm{MTBF} = \mathrm{MTTF} = E(T_1)$。当 t 的取值远大于故障间隔时间 MTBF 时，可以认为在 $(0,t]$ 的时间段内，产品发生的故障(更新)次数为 t/MTBF。根据基本更新定理可知

$$\lim_{t \to \infty} [M(T+t) - M(t)] = \frac{T}{\mathrm{MTBF}}, \quad T > 0$$

【例 6-3】 某发动机零件的首次故障时间服从 $\alpha = 2000$、$\beta = 2$ 的威布尔分布。如果零件在 200h 时进行过一次替换维修操作，求该零件在第 600h 时的可靠性，并计算该车在前 12 000h 的累积故障次数 $N(t=12\ 000)$。

解：由于对该零件实施更新操作，所以将该零件的维修过程视作更新过

程。需要知道该零件的下次故障间隔时间也服从同样参数的威布尔分布,因此只需计算该零件正常运行 400h 的概率,即

$$H(400) = \exp[-(400/2000)^2] = 96.08\%$$
$$\text{MTBF} = 2000\Gamma(1+1/2) = 1000\sqrt{\pi} \approx 1772.45(\text{h})$$
$$N(t=12000) = 12000/1772.45 = 6.77(\text{次})$$

所以该零件在第 600h 时的可靠度为 0.9608,在前 12 000h 内的累积故障次数约为 6.77 次。

这样的性质满足当产品发生故障时使用替换手段使得产品状态修复如新的定义。在更新过程中,有

$$\begin{aligned}E(T_k) &= kE(X_1) = k\mu_1 \\ D(T_i) &= kD(X_1) = k\sigma_1^2\end{aligned} \tag{6-19}$$

式中,μ_1 表示平均首次故障前时间,也是随机变量 X_1 的均值;σ_1 是 X_1 的标准差。

因为 X_1 满足独立同分布的性质,而 T_k 又是前 k 项 X_1 之和,所以根据中心极限定律,当 i 趋于无穷大时,有

$$H(T_k) = P(T_k \leqslant t) \approx \Phi\left(\frac{t-k\mu_1}{\sigma_1\sqrt{k}}\right) \tag{6-20}$$

当样本数足够大,例如 $k \geqslant 30$ 时,使用正态分布进行近似计算的误差很小;当 k 较小时,该近似效果并不理想。但如果 X_i 本身就是服从正态分布的随机变量,根据概率论知识可知,T_k 也是服从正态分布的随机变量。此时对于任意的 k,使用正态分布进行计算都能得到精确的结果。

【例 6-4】 假设有一辆汽车,在长期使用后可能存在发动机启动困难、刹车老化等问题。已知该汽车在使用过程中,发生故障的概率随使用寿命的增加而变大,且故障前时间服从尺度参数 $\alpha=5$、形状参数 $\beta=2$ 的威布尔分布。假设这辆汽车的修理过程满足更新过程,试问该产品在 10 个时间单位内发生 4 次故障的概率近似为多少。

解:已知威布尔分布的期望和方差为

$$E(T_1) = \alpha\Gamma\left(1+\frac{1}{\beta}\right)$$
$$D(T_1) = \alpha^2\left[\Gamma\left(1+\frac{2}{\beta}\right) - \Gamma^2\left(1+\frac{1}{\beta}\right)\right]$$

带入 α、β 可得

$$E(T_1) = 5 \times \Gamma(1.5) = 2.5\sqrt{\pi}$$

$$D(T_1) = 5^2 \times [\Gamma(2) - \Gamma^2(1.5)] \approx 5.365$$

该产品第 k 次故障前时间 T_k 的累积分布函数为

$$H(T_k) = P(T_k \leqslant t) \approx \Phi\left(\frac{t - 2.5\sqrt{\pi}k}{5.365\sqrt{k}}\right)$$

查表可得,该产品在 10 个时间单位内发生 4 次故障的概率为

$$P(T_k \leqslant t) = 25.576\%$$

【**例 6-5**】 加工机床上某刀具的故障前时间服从均值为 5、标准差为 1 的正态分布,已知使用该机床加工某件商品需要连续工作 20h,问至少需要准备几套刀具使得该机床完成这项任务的概率不低于 95%?首次故障时间超过 7h 的概率为多少?

解:根据题意和式(6-20)可知

$$P(T_k \leqslant 20) = 1 - H(20) = 1 - \Phi\left(\frac{20 - 5k}{\sqrt{k}}\right) \geqslant 0.95$$

查阅正态分布表可知

$$\frac{20 - 5k}{\sqrt{k}} \leqslant -1.65$$

解方程并对 k 取整得 $k \geqslant 5$。

想知道刀具的首次故障时间超过 7h 的概率,就是求第一次发生故障在 7h 后的概率 $P(T_1 > 7)$,也可以表示为 $P[N(7) = 0]$,即前 7h 刀具未发生故障的概率。这两个表达方式是等价的。

$$P[N(7) = 0] = P(T_1 > 7) = 1 - \Phi(2) = 2.275\%$$

同理,如果想知道前 7h 内发生一次故障的概率,即

$$P[N(7) = 1] = P(T_1 \leqslant 7 < T_2) = P(T_2 \geqslant 7) - P(T_1 > 7)$$

$$= 1 - \Phi\left(\frac{7 - 2 \times 5}{\sqrt{2}}\right) - 2.275\%$$

$$= 96.025\%$$

以此类推,可得

$$P[N(7) = 2] = P(T_3 \geqslant 7) - P(T_2 > 7) = 1.7\%$$

$$P[N(7) \geqslant 3] \approx 0$$

根据式(6-16),再结合上述结果可知刀具在$[0,7]$时间内,平均发生故障次数为$E(N(7))$,计算为

$$E[N(7)] = 0 \times (P[N(7)=0] + P[N(7) \geqslant 3]) + 1 \times P[N(7)=1] + \\ 2 \times P[N(7)=2] = 0.99425$$

故刀具在$[0,7]$时间内的平均故障次数为0.99425次。

随机计数过程存在两种表达形式,一种是用T_k作为连续随机变量,表示第k次故障的发生时间;另一种是用离散随机变量$N(t)$,表示$[0,t]$时间内累积发生的故障次数。两种表达方式的关系用符号表示如下

$$P[N(t)=0] = P(T_1 > t) \\ P[N(t)=k] = P(T_k \leqslant t < T_{k+1}) = P(T_{k+1} \geqslant t) - P(T_k > t), \quad k=1,2,\cdots \tag{6-21}$$

这两种表现方式分别从故障发生时间的角度和$(0,t)$时间内故障发生次数的角度来描述该随机计数过程,但本质上描述的是同一个事件。例如式(6-21)中第二个式子表示在$(0,t)$时间内发生k次故障的概率等价于第$k+1$次故障发生于t时刻后,而第k次故障发生在t时刻内。

在普通更新过程中,相邻事件的间隔时间为独立同分布随机变量;而在叠加更新过程中,事件之间的间隔时间变成独立非同分布随机变量。以双重叠加更新过程为例,奇数序号的事件的间隔时间变量$(X_1,X_2,X_3,\cdots)$服从相同的分布$F(x)$,偶数序号的间隔时间变量$(Y_1,Y_2,Y_3,\cdots)$服从相同的分布$F(y)$。

6.2.3 更新报酬理论

更新报酬理论适用于对渐进情况下的维修费用指标进行建模。使用该方法建模前,需要确定维修过程中的更新点,就是采取替换维修方式将故障产品恢复到崭新状态的时间点。相邻两个更新点之间的时间长度称为更新周期,使用X_i表示第i个更新周期的长度。因为在更新点进行维修需要一定的费用,所以用Y_i表示该更新周期的费用。使用更新报酬理论的关键点在于确保更新周期X_i是独立同分布的,Y_i也需遵循这样的要求。这时总维修费用可以表示为

$$C(t) = \sum_{i=1}^{N} Y_i \tag{6-22}$$

其中$N(t)$表示在时间段$[0,t]$上的更新次数;$C(t)$是基于更新次数$N(t)$由

更新过程表示的累计过程。

如果更新周期的期望长度 $E(X_i)$ 和期望费用 $E(Y_i)$ 是有限的，且 Y_i 在每个更新周期 X_i 后发生的概率为 1，那么当时间 t 趋于无穷大时，单位时间内的维修费用可表示为

$$C_\infty = \lim_{t \to \infty} \frac{C(t)}{t} = \lim_{t \to \infty} E\left[\frac{C(t)}{t}\right] = \frac{E(Y_i)}{E(X_i)} \qquad (6\text{-}23)$$

【例 6-6】 对某产品的故障维修情况进行数据收集与处理，得知该产品的更新周期服从参数 $\mu=100$、$\sigma=10$ 的正态分布，维修费用服从参数 $\lambda=0.02$ 的指数分布，则该产品单位时间内的维修费用为多少？

解：根据式(6-23)，可得该产品的期望费用为 $E(Y)=1/\lambda$，更新周期的期望长度为 $E(X)=\mu$，单位时间维修费用为 $C_\infty = \dfrac{E(Y)}{E(X)} = \dfrac{1}{\lambda\mu} = 0.5$。

6.3 一维质保成本建模

本节介绍的质保成本模型主要针对可修和不可修产品，且有如下基本假设。

假设 1：产品发生故障的时间与申请索赔时间之间没有间隔，即故障产生后即时索赔。

假设 2：所有的质保索赔都是真实有效的。

假设 3：产品故障是统计的独立事件。

假设 4：修复时间(维修或者替换)远小于产品的平均故障间隔时间，近似可忽略不计。

假设 5：厂商具备在无延迟情况下实施修复活动的能力。

6.3.1 修复性维修与产品故障

一般来说，修复性维修次数等于产品的故障次数。用 $N(t)$ 表示 $[0,t)$ 内的质保索赔次数，这一数量取决于设计可靠性、使用强度、质保政策以及政策中涉及的维修策略。在假设维修时间可以忽略不计的条件下，$N(t)$ 建模会涉及很多随机计数过程。例如，一个产品在使用若干时间后发生故障，就是一个典型的计数过程。修复性维修主要有三种维修方式：最小维修、不完美维修和完美维修。

1. 最小维修

最小维修假设修理之后产品故障率与未发生故障的产品故障率相同。此类修理适用于复杂产品,复杂产品的故障是由于产品的一个或若干部件发生故障所导致的。修理故障件后可恢复产品的可用状态。一般此类操作对复杂产品的可靠性影响较小。

若对失效产品采取最小维修且维修时间可忽略不计,那么 $N(t)$ 可用非齐次泊松过程来描述,它是泊松过程的推广。一般非齐次泊松过程的相邻故障间隔 $\{X_i, i=1,2,\cdots\}$ 既不独立也不服从同分布,而且在同样长度的区间上,平均故障数不仅取决于区间的长度,还取决于区间的起点。由于存在上述特点,它可用于描述非"修复如旧"的可修系统。将

$$\Lambda(t,s) = \int_t^s \lambda(u)\,\mathrm{d}u \tag{6-24}$$

称作累积强度函数。

随机变量 $N(t)$ 的均值和方差分别为

$$E[N(t)] = \Lambda(t)$$
$$D[N(t)] = E\{[N(t) - \Lambda(t)]^2\} = \Lambda(t) \tag{6-25}$$

若产品的首次失效时间服从尺度参数为 α、形状参数为 β 的威布尔分布,则非齐次泊松过程的强度函数可表示为

$$\Lambda(t) = \Lambda(t;\alpha,\beta) = \frac{\beta}{\alpha}\left(\frac{t}{\alpha}\right)^{\beta-1} \tag{6-26}$$

对应的累积强度函数 $\left(\frac{t}{\alpha}\right)^\beta$。当 $\beta=1$ 时,该过程则为齐次泊松过程;当 $\beta<1$ 时,强度函数随使用时间严格单调递减;当 $\beta>1$ 时,强度函数是关于使用时间的增函数。

需要强调的是,当采用非齐次泊松过程进行失效建模时,需要验证最小假设是否成立。只有满足最小维修且维修时间可忽略不计时,才能使用非齐次泊松过程。

2. 不完美维修

大部分的维修效果介于最小维修和完美维修的中间状态,即不完美维修。系统经过不完美维修后会恢复到"修复如新"和"修复如旧"两种状态之间,即"好于旧而次于新"。经过不完美维修后,产品的故障过程是一个一般

更新过程（ordinary renewal process，ORP）。在 GRP 过程中，通常采用"虚拟寿命"模拟不完美维修对产品可靠性的影响。若一个可修产品经过 $i-1$ 次维修，该产品的虚拟年龄为 v_{i-1}，则该产品到下一次故障的时间 X_i 服从如下条件累积分布函数

$$F(x_i) = P(X_i \leqslant x_i | V_{i-1} = v_{i-1}) = \frac{F(x_i + v_{i-1}) - F(v_{i-1})}{1 - F(v_{i-1})} \tag{6-27}$$

其中，当 $i=1$ 时，$F(X_i)$ 代表新产品首次故障时间的累积分布函数。

产品的真实年龄为

$$t_n = \sum_{i=1}^{n} x_i \tag{6-28}$$

为细化不完美维修对产品故障过程的影响，Kijima 和 Sumita 推导出了 Kijima Ⅰ 模型和 Kijima Ⅱ 模型。Kijima Ⅰ 模型假设维修行为仅能修复前一次使用期间的故障。设 v_i 是实施第 i 次不完美维修后的虚拟寿命，其表达式为

$$v_i = v_{i-1} + q x_i = q \sum_{j=1}^{i} x_j = q t_i \tag{6-29}$$

其中 $v_0 = 0$；q 代表不完美维修的程度，其值通常介于 0 和 1 之间。

当 $q=1$ 时，表示此次维修为最小维修，对于产品的状态没有显著影响；当 $q=0$ 时，表示此次维修是完美的，可使产品的状态恢复到全新；当 $0<q<1$ 时，表示该维修是非完美的。在实际操作过程中，维修程度的高低可通过物料、人力、信息和技术等因素化。

Kijima Ⅱ 模型假设维修行为可以修复累积到现运行时间的所有故障。在经过第 i 次维修后，产品的虚拟寿命为

$$v_i = q(v_{i-1} + x_i) = \sum_{j=1}^{i} q^{i-j+1} x_j \tag{6-30}$$

那么，在 $[0, t]$ 时间间隔内的期望故障数为

$$H(t) = \int_0^t \left[g(\tau | 0) + \int_0^\tau h(x) g[\tau - x | x] dx \right] d\tau \tag{6-31}$$

其中，$g(\tau | x) = f(t + qx)/[1 - F(qx)]$，$t, x \geqslant 0$ 是条件概率密度函数，如 $g(t|0) = f(t)$；$F(t)$ 和 $f(t)$ 分别是首次故障时间的累积分布函数和概率密度函数。

3. 完美维修

若产品的寿命分布是独立同分布的,且产品故障后立即用新的产品进行替换(从可靠性角度等价于完美维修),则整个质保期内的产品的更新次数是一个一般更新过程。更新过程是齐次泊松过程的推广,它常用于描述更新质保政策下的质保索赔建模过程。

如果一个可数过程$\{N(t); t \geq 0\}$满足下列三个条件,则称其为一般更新过程。

条件1:$N(0)=0$。

条件2:随机变量X_1为第一次失效时间,$X_i(i \geq 2)$则表示第$i-1$次到第i次失效的时间间隔;随机变量X_i之间相互独立,且有相同的分布函数$G(t)$。

条件3:$N(t)=\sup\{n:T_n \leq t\}$,$T_0=0$,$T_n=\sum_{i=1}^{n}X_i$,$n \geq 1$,其中sup表示集合的上确界。

显然,如果把T_n看成是系统发生第n次失效的时刻,失效后瞬时完成对系统的更新,此处$N(t)$指时间从0到t的产品失效次数,而$T_n=\sum_{i=1}^{n}X_i$指产品在第n次失效的时间。由更新过程的定义可知,若把X_i看成是相继故障的间隔,则更新过程模型可用来描述完美维修(更新)的可修系统的运行特征。事实上,对于更新过程而言,每一次更新就代表着系统的寿命终结,则相应的更新时间的间隔就代表系统寿命的一个观测值。由失效间隔的独立同分布特性,就可根据收集到的更新时间数据对寿命分布进行估计与建模。更新函数可表示为

$$M(t)=E[N(t)]=\sum_{n=1}^{\infty}F^{(n)}(t)$$

其中,$M(t)$指时间从0到t的产品期望失效次数,即平均失效次数;$F^{(n)}(t)$指T_n的累积分布函数。

由于计算过程较为复杂,通常采用数值积分的方法进行计算。

6.3.2 预防性维修

实施预防性维修的时间较短,在建模过程中通常可忽略不计。预防性维修主要有三种形式:更换(replacement)、失效密度削减法(failure intensity reduction method,FIRM)和虚拟寿命削减法(age reduction method,ARM)。若采取更换方式,从产品可靠性角度来看,其效果等价于完美维修。

在失效密度削减法中,设预防性维修程度为 q,厂商在时间点 T_k 实施第 k 次预防性维修后,产品的失效概率密度函数为

$$f_k(x) = f_{k-1}(x) - q[f_{k-1}(x) - f_0(x - T_k)] \tag{6-32}$$

其中 $T_k < x < T_{k+1}$;$f_0(x)$ 是不考虑预防性维修时产品的失效概率密度函数。

在虚拟寿命削减法中,我们引入了"虚拟寿命"这一概念,详细概念如前一节所述。在 Kijima Ⅰ 模型中,实施第 k 次预防性维修时对应的虚拟寿命为

$$v_k = v_{k-1} + q\tau = q\tau \tag{6-33}$$

其中,$v_0 = 0$;τ 为两次预防性维修之间的间隔。

在 Kijima Ⅱ 模型中,实施第 k 次预防性维修时对应的虚拟寿命为

$$v_k = q(v_{k-1} + \tau) = \sum_{j=1}^{i} q^{i-j+1}\tau \tag{6-34}$$

在第 k 次与第 $k+1$ 次预防性维修之间,产品的失效概率密度函数为

$$h_k(x) = h(v_k + x - k\tau) \tag{6-35}$$

那么,产品在整个质保范围内的失效概率密度函数可表示为分段函数,即

$$h(x) = \begin{cases} h(x), & k=1, 0 \leqslant x < \tau \\ h[v_k(x) + x - k\tau], & k=2,3,\cdots,n-1, k\tau \leqslant x < (k+1)\tau \\ h[v_n(x) + x - n\tau], & k=n, n\tau \leqslant x < W \end{cases} \tag{6-36}$$

其中,n 为预防性维修的次数,W 为质保长度。

6.3.3 质保成本

质保成本指一件商品在质保服务范围内所有的服务费用,通常包含预防性维修成本和修复性维修成本。若不提供预防性维修服务,那么质保成本即修复性维修成本之和。

1. 预防性维修成本

预防性维修成本取决于所采取的具体维修方式。

(1)更换。更换是对产品/零部件进行更换,此时更换成本是确定的,可定为 C_p。

(2) 不完美维修。在一维质保政策下,单次不完美维修成本依赖于产品的寿命/累积使用度(t/u)以及维修程度 q。通常认为单次成本是关于使用时间/累积使用度(t/u)以及维修程度的增函数,可表示为

$$C_p(u,q) = C_0 + C_1 u^\sigma q^w$$

其中,C_0 是固定成本;C_1 代表变动成本;σ、w 分别为大于 0 的值,具体取值以实际情况而定。

综上,总预防性维修成本为 $C_{PM} = nC_p$,其中 n 为预防性维修的次数。

2. 修复性维修成本

与预防性维修成本类似,修复性维修成本也取决于所采取的维修方式。

(1) 更换。修复性维修策略下对应的更换成本 C_f 通常大于或等于预防性维修策略下的更换 C_p,所以在成本分析中 $C_f \geqslant C_p$。

(2) 修理。通常来说,单次修理成本是不固定的,可将其看作一个随机变量,可设为 $\widetilde{C}_r$,对应的分布函数为 $F_r(\cdot)$。通常用一阶矩表示单次期望修理成本,即 $c_r \equiv E(\widetilde{C}_r)$。

需注意的是,若单次修理成本也是一个关于使用时间/累积使用度的函数,那么单次期望成本 $c_r(t)/c_r(u)$ 是关于使用时间 t/累积使用度 u 的增函数。

我们先讨论仅含免费修复性维修的质保政策对应的总成本。由于索赔次数及每次索赔的服务费用都不固定,所以质保成本是每项不确定费用的总和。

设 $\widetilde{C}_i$ 表示第 i 次质保索赔成本。由于单次服务成本不固定,假设它们独立同分布且分布函数为 $G(\cdot)$,则在 $[0,t]$ 内的质保总成本为

$$C(t) = \sum_{i=1}^{N(t)} \widetilde{C}_i \tag{6-37}$$

通常来说,获得 $C(t)$ 的完整概率模型是极其困难的,大部分情况下通过一阶和二阶矩来描述其特征。要先确定一阶矩,用 $C_m = E[C_m]$ 表示质保索赔的平均费用,其中 C_m 既可代表单次修理成本,又可代表单次更换成本。

质保费用为

$$E[C(t)] = E[N(t)]E[\widetilde{C}_i] = E[N(t)]C_m \tag{6-38}$$

需注意的是,质保总成本的方差也可以用同样的方法获得。

若质保政策中既包含免费提供修复性维修,又包含免费预防性维修服务,那么质保费用为

$$E[C(t)] = E[C_{CM}] + E[C_{PM}] \quad (6\text{-}39)$$

为了便于计算,在引入预防性维修服务后,通常假设在连续两次预防性维修之间,产品的故障采用最小维修的方式修复。通常来说,预防性维修次数是事先设定的,而修复性维修次数和产品本身的故障过程相关。值得注意的是,随着预防性维修次数的增加,产品的老化速度降低,会导致产品故障数减少,但预防性维修成本也相应提高,如图 6.1 所示。只有当引入预防性维修所增加的成本低于由于采取预防性维修而降低的修复性维修成本时,引入预防性维修才是经济有效的。要想使产品质保成本最低,要根据产品本身的故障过程,科学地设计预防性维修策略。

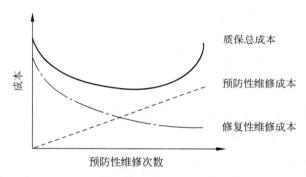

图 6.1 修复性维修成本、预防性维修成本、质保总成本与预防性维修次数的关系

6.3.4 关于质保成本分析的一些观点

一旦对产品的质保索赔过程和故障模式建立了恰当的模型,通过相应的数学以及统计学技术就可以进行费用分析。该过程中可能会用到大量的统计学、数学、运筹学以及可靠性理论及方法,这取决于模型的复杂程度以及所掌握的质保服务信息和数据。

对于最简单的情况,模型采用的是简单的数学分析,较容易获取数值结果。对于复杂的模型,计算复杂度会相应提升,较难获得问题的解析表达式。这种情况下,通常可采用计算机仿真的方法来求解。这就需要对质保过程进行建模,模拟产品的故障过程、维修活动以及影响成本的要素,选择不同输入参数重复仿真过程,获得不同条件下的质保成本。一个科学合理的质保仿真过程可协助使用者评估质保政策、维修策略和其他服务条款。

质保成本分析的另一方面是关于可用信息的类型和数量。模型的实施需要相关参数的信息,包括产品的故障分布参数、平均维修成本、用户使用强度等。有的情况下,可通过工程分析、相似产品的历史记录或质保数据库获得相关信息。其他情况下,尤其对于新产品来说,许多输入参数是未知的。缺乏所需信息会导致结果的不可靠。要解决该问题,数据(实验数据、历史数据、质保数据和其他数据)是必需的。而这带来的不确定性,需要在分析过程中应用统计方法来消除,包括假设检验、拟合优度检验、置信区间推断等。

在基于数据的质保成本分析过程中,要关注结果的不确定性。研究不确定性的方法之一就是成本估计的置信区间确定方法。可通过相关理论估计参数值,从而计算质保总成本,然后将上下区间作为输入值重复计算成本。这样可合理地得出结论:实际质保成本介于所得区间范围内。这也是敏感性分析的一种类型。更多敏感性分析,如寿命分布参数、成本参数、质保期限以及其他影响成本的因素也可以这么做。这种分析方法对于新产品以及其他涉及大量不确定因素的情况十分重要,并且在管理决策中也需要此类研究资源。

6.3.5 常见的一维质保成本分析模型

常见的一维质保成本模型如下:

(1) 非更新/更新质保期的免费更换政策;

(2) 非更新/更新质保期的按比例支付维修费用的质保政策。

上述质保成本模型中既考虑可修产品也考虑不可修产品。对于可修产品,考虑总是更换(完美维修)或总是最小维修两种简单的维修策略;对于不可修产品,可进行退货或者更换产品。

1. 非更新质保期的免费更换政策

(1) 不可修产品。在该政策下,厂商对质保期内的任何故障进行免费维修或更换,质保长度为 W。首先考虑不可修产品,在质保期内发生任何故障后都会用新产品替换。如本章 6.3.1 节所述,采用与分布函数 $F(t)$ 相关的更新过程对产品故障过程进行建模。

对于质保索赔,概率函数以及质保期内故障数量的一阶矩和二阶矩如下

$$P[N(W)=n]=F^n(W)-F^{n+1}(W), \quad n=0,1,\cdots \qquad (6-40)$$

$$E[N(W)]=M(W) \qquad (6-41)$$

式中,$M(W)$ 为更新函数,其计算公式为

$$M(W) = F(W) + \int_0^W M(W-t)f(t)\,dt \tag{6-42}$$

$$V[N(W)] = \sum_{n=1}^{\infty}(2n-1)F^n(W) - M(W)^2 \tag{6-43}$$

厂商的期望质保成本为

$$E[C_\Omega(W)] = E[N(W)]E[C_i] = M(W)C_f \tag{6-44}$$

（2）可修产品。针对可修产品，本节主要讨论最小维修问题。最小维修指将产品恢复了正常状态，产品的可靠度在维修后和发生故障前是一样的，既不会提高，也不会降低产品当前的性能与寿命，在可靠性领域是最常见的一种维修策略。此外，维修时间通常忽略不计。基于此，产品的故障过程通常服从非齐次泊松过程。该过程强度函数记为 $\lambda(t)$，它是一个非负函数，指在 t 时刻后单位时间内发生故障的平均个数，反映了故障的发生强度，且强度函数 $\lambda(t)$ 等价于故障率函数 $h(t)$，如本章 6.3.1 节所述。

根据 6.2.1 节可知，在质保期内发生 n 次故障的概率为

$$P[N(W)=n] = \frac{[\Lambda(W)]^n \exp[-\Lambda(W)]}{n!} \tag{6-45}$$

其中，$\Lambda(W) = \int_0^W \lambda(t)\,dt$。

一阶矩和二阶矩分别为

$$E[N(W)] = \Lambda(W) \tag{6-46}$$

$$V[N(W)] = \Lambda(W) \tag{6-47}$$

厂商的期望质保总成本为

$$E[C_\Omega(W)] = \Lambda(W)C_r \tag{6-48}$$

【例 6-7】 某品牌家用洗衣机制造商为消费者提供非更新的免费维修质保政策，质保长度 W 为 2 年。制造商预计故障时间服从形状参数 $\beta=1.2$、尺度参数 $\alpha=5$ 的威布尔分布，预期单次最小维修成本 $C_r=150$ 且维修时间可忽略不计，求单个产品的期望质保成本。

解：由于对故障产品实施最小维修，且维修时间可忽略不计，所以，产品的故障过程是一个非齐次泊松过程。该过程的强度函数为

$$\lambda(t) = \frac{\beta}{\alpha}\left(\frac{t}{\alpha}\right)^{\beta-1} \tag{6-49}$$

累积强度函数为

$$\Lambda(W) = \int_0^W \lambda(t)\,\mathrm{d}t \tag{6-50}$$

单个产品期望质保总成本为

$$E[C_\Omega(W)] = E[N(W)]C_r = \Lambda(W)C_r = 114.79(元)$$

2. 更新质保期的免费更换政策

该政策只针对用新产品替换故障产品的情景。厂商为消费者提供时长为 W 的更新质保期的免费更换政策,若产品在规定的质保期限内发生故障,厂商对故障产品实施更换,质保期在更换后重新归零,直到更换的产品在时间 W 内再次发生故障。所以产品的实际质保长度 WP $\geqslant W$。

设 T_0 为所售产品产生故障时对应的工作时间,T_i 为质保期内厂商提供的第 i 个更换产品发生故障时的工作时间。只有当 $T_i < W, 0 \leqslant i \leqslant (n-1)$ 且 $T_n > W$ 时,质保索赔数 $N(W) = n$。那么,所对应的质保期长度为

$$\mathrm{WP} = \sum_{i=0}^{n-1} T_i + W \tag{6-51}$$

其中 $N(W)$ 的概率密度函数为

$$P[N(W) = n] = \overline{F}(W)[F(W)]^n, \quad n = 0, 1, 2, \cdots \tag{6-52}$$

期望故障数为

$$E[N(W)] = \frac{F(W)}{\overline{F}(W)} \tag{6-53}$$

期望质保期长度为

$$E[\mathrm{WP}] = W + \frac{F(W)}{\overline{F}(W)} \delta_W \tag{6-54}$$

式中,δ_W 为 T 的局部期望值且 $\delta_W = \int_0^W t f(t)\,\mathrm{d}t$。

对应的期望质保总成本可表示为

$$E[C_\Omega(W)] = E[N(W)]C_f = \left[\frac{F(W)}{\overline{F}(W)}\right]C_f \tag{6-55}$$

3. 非更新质保期的按比例支付费用质保政策

免费维修/更换是常见的质保政策,但由于该政策的维修责任和费用全权由厂商承担,有可能会引发用户不按照使用说明对产品进行维护、对产品过度使用或索赔欺诈等道德风险。与免费维修/更换不同,按比例分担的质

保政策主要针对不可修产品。在该种质保政策下,当新产品在 t 时刻产生故障时($0<t\leqslant W$),厂商将按照产品的购买价格和使用时间对用户进行补偿,由厂商和用户按照使用时间分摊更换产品的成本,厂商承担 $\alpha(t)C_s$,用户承担 $[1-\alpha(t)]C_s$,其中 $\alpha(t)$ 是使用时间 t 的函数且 $0\leqslant\alpha(t)\leqslant 1$,且 C_s 为产品的售价。

$\alpha(t)$ 的形式多样,视具体的情况而定。常见的 $\alpha(t)$($0\leqslant t<W$)有三种,分别为常数、线性函数和指数函数,具体表达式如下

$$\alpha(t)=a \tag{6-56}$$

$$\alpha(t)=1-\frac{t}{W} \tag{6-57}$$

$$\alpha(t)=\exp\left[-\left(\frac{t}{W}\right)^b\right] \tag{6-58}$$

显然当 $\alpha(t)=1$ 时,该政策就变成了免费更换质保政策;而当 $\alpha(t)=0$ 时,则代表用户承担所有更换费用,厂商不再提供质保。

按比例支付费用的质保政策是当产品发生故障时,厂商和用户都承担一部分的费用,从而促使用户更好地维护和使用产品,可有效避免由于维修费用完全由厂商承担而引发的道德风险。

对于每件产品而言,在质保服务范围内可能会有一次质保索赔,也可能没有。索赔发生的概率为 $F(W)$,而无质保索赔的概率为 $1-F(W)$。以式(6-48)为例,厂商的期望质保总成本(即退款金额)为

$$E[C_\Omega(W)]=\left[F(W)-\frac{\mu_W}{W}\right]C_s \tag{6-59}$$

其中,μ_W 为故障时间 T 的期望值。

从用户角度,每单位商品的维修成本为

$$\overline{C}_s(W)=C_s-\alpha(t) \tag{6-60}$$

对于用户而言,单位商品维修成本的期望值为

$$E[\widetilde{C}_s(W)]=C_s\left[1+\frac{\mu_W}{W}-F(W)\right] \tag{6-61}$$

值得注意的是,这包含了最初购买商品的售价。

4. 更新质保期的按比例支付费用质保政策

本部分内容所讨论的更新质保政策以及质保期计算方式与式(6-51)和

(6-54)相同。按比例支付费用质保政策下,在计算质保成本时需要从厂商和用户的角度分别考虑。对于用户来说,商品 N_{i+1} 的成本为

$$C_s(N_{i+1}) = C_s - \alpha(T_i) \tag{6-62}$$

$C_s(N_{i+1})$ 是一个随机变量,所以期望为

$$E[\widetilde{C}_s(N_{i+1})] = C_s \left\{ \frac{\mu_W}{W} + [1 - F(W)] \right\} \tag{6-63}$$

在质保服务范围内,索赔数是不确定的,每次更换的成本也不确定。用户的期望质保总成本为

$$E[\widetilde{C}_s(W)] = C_s \left[\frac{\mu_W F(W)}{W \bar{F}(W)} + 1 \right] \tag{6-64}$$

厂商的期望总成本为

$$E[C_\Omega(W)] = E[N(W)]C_f = \left[\frac{F(W)}{\bar{F}(W)} \right] C_f \tag{6-65}$$

6.3.6 二维质保成本分析

1. 二维质保产品的故障

与一维质保产品不同,二维质保产品的故障主要受产品的使用时间、使用强度、使用程度、名义可靠性及使用环境等因素的影响。二维质保产品的故障建模主要有三种方法:双变量法、尺度参数法和边际法。

1) 双变量法

双变量法认为产品的寿命分布是关于使用时间和累积使用度的双变量函数,用 (T,U) 表示首次故障的工作时间和使用情况。

设产品首次故障时间的二元分布函数为 $F(t,u)$,即

$$F(t,u) = P\{T \leq t, U \leq u\} \tag{6-66}$$

对于 $F(t,u)$ 而言,$E(U|T=t)$ 必须是 t 的非减函数,从而保证平均累计使用度随时间递增。

可靠度函数可表示为

$$R(t,u) = \bar{F}(t,u) = P\{T > t, U > u\} \tag{6-67}$$

密度函数为

$$f(t,u) = \frac{\partial^2 F(t,u)}{\partial t \partial u} \tag{6-68}$$

故障率函数为

$$h(t,u) = \frac{f(t,u)}{\bar{F}(t,u)} \quad (6\text{-}69)$$

当对故障产品进行替换时,可采用二维更新过程理论;但当对故障产品进行最小维修时,相关理论还有待进一步发展。

【例 6-8】 Beta-Stacy 分布可以建立不可修汽车零部件工作寿命和使用量之间的联合分布密度函数,其中 $t>0, 0<x<\eta t$,且所有参数均大于 0,即

$$f(t,x) = \frac{bt^{ab-\theta_1-\theta_2}\left(\frac{x}{\eta}\right)^{\theta_1-1}\left(t-\frac{x}{\eta}\right)^{\theta_2-1}\exp\left[\left(\frac{-t}{\beta}\right)^b\right]}{\Gamma(\alpha)B(\theta_1,\theta_2)\beta^{\eta b}\eta}$$

平均故障前时间和故障前累计使用量分别为

$$E(T) = \frac{\alpha \Gamma(\alpha+1/c)}{\Gamma(\alpha)}$$

$$E(X) = \frac{\theta_1 \eta}{\theta_1+\theta_2} E(T)$$

如表 1 所示,请计算当 $\alpha=2, b=2.5, \theta_1=1.1, \theta_2=1.5$ 时,三种不同使用率条件下(β 和 η 取值不同):高使用率($\beta=1.3290, \eta=4.72742$),中使用率($\beta=1.99395, \eta=2.72742$),低使用率($\beta=2.65865, \eta=1.1818$)的平均故障前时间 $E(T)$ 和故障前累积使用量 $E(X)$。

解:根据所给定参数 $\alpha=2, b=2.5, \theta_1=1.1, \theta_2=1.5$,带入上述 $E(T)$ 和 $E(X)$ 的计算公式,得到的结果见表 6.1。

表 6.1 三种不同使用率

使用率	β	η	$E(T)$	$E(X)$
高	1.3290	4.72742	2.0	4.0
中	1.99395	2.36371	3.0	3.0
低	2.65865	1.1818	4.0	2.0

2) 尺度参数法

尺度参数法引入了一个新的变量,用来建立使用时间 t 和累积使用度 u 之间的联系,但该变量并没有实际的物理意义。对于最简单的情况,这一复合尺度是一个线性形式

$$y = at + bu \quad (6\text{-}70)$$

其中,a、b 是需要选择的参数。

乘法复合形式可表示为

$$y = u^\beta t^{1-\beta}, \quad 0 \leqslant \beta < 1 \tag{6-71}$$

3) 边际法

边际法中假设对于给定使用者，使用率是一个常数，即累积使用度以线性方式增长；而对于不同使用者，使用率的值不尽相同。对于二维质保产品而言，使用率＝累积使用度/使用时间。不同产品的累积使用度定义各异。例如，挖掘机的累积使用度是累积工作小时，累积行驶里程则代表的是汽车产品的累积使用度。在引入变量使用率后，传统的二维问题被转化为较为简单的一维问题。

索赔数据是制造商了解消费者使用情况的主要途径，然而仅根据索赔数据分析消费者的产品使用情况是片面的，因为索赔数据只包含了故障产品的使用信息，无法从中获取未故障产品的使用率情况。针对这一问题，部分学者采用问卷调查、定期检视等方法获取更加全面的使用率信息。问卷调查的成本较高，耗时较长，但可以全面掌握消费者的使用情况。定期检视主要通过消费者到指定地点进行保养时记录产品的相关信息。现如今市场上诸多制造商为了吸引消费者，主动提供首次免费保养的服务，因此定期检视基本上可以涵盖所有产品的使用率信息。

由于产品使用信息的收集渠道多样，故存在较多的异常值。在建立使用率分布之前，须先剔除潜在的和明显的异常数据。例如，对于挖掘机数据而言，若每天累积工作时间超过了24h，则是明显的错误数据，须剔除；再以汽车产品为例，在研究家用汽车产品的使用率情况时须剔除试驾车的使用数据，因为试驾车的使用情况与家用汽车存在明显的差异。

在剔除异常值之后，即可计算出数据库中每个产品的使用率。设销售时间为时间零点，且仅研究产品的首次故障（或首次保养），则有

$$r_i = \frac{u_i}{t_i}, \quad i = 1, 2, \cdots, n \tag{6-72}$$

式中，r_i 表示第 i 个产品的使用率；t_i 表示第 i 个产品在首次故障时（或保养时）的使用时间；u_i 表示在 t_i 时刻的累积使用度。

尽管使用率受季节性以及使用行为突变等影响呈现出波动，但为了简化计算，通常假设每个消费者的使用率是个定值，即累积使用度以线性方式增长且每个消费者的使用率不尽相同。

使用率的分布函数 $G(r)$ 可以通过对实际数据进行拟合得到,常见的使用率分布有伽马分布、对数正态分布、指数分布、逻辑分布、对数逻辑分布和威布尔分布。

使用率会影响产品可享受质保服务时间的长度,如图 6.2 所示。矩形区域 $[0,W)\times[0,U)$ 是最通用且易用的二维质保范围,W 为时间限度,U 为使用限度。从图 6.2 中可以看出,拥有高使用率的产品先到达使用限度 U,而拥有低使用率的产品先到达时间限度 W。

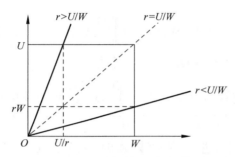

图 6.2　二维质保产品的保修范围

边际法中对于二维质保产品的故障建模主要有两种方法:多项式法和加速故障时间模型。

(1) 多项式法。在多项式法模型中,首次故障时间可通过条件故障率函数 $h(t|r)$ 建模,它对使用时间 t 和使用率 r 都是一个非减函数,可表示为

$$h(t|r)=\theta_1+\theta_2 t+(\theta_3+\theta_4 t)r \tag{6-73}$$

式中:$\theta_i(i=1,2,3,4)$ 都是非负的。

对应的首次故障时间的条件分布函数为

$$F_r\equiv F(t|r)=1-\exp\left[-\int_0^t h(x|r)\,\mathrm{d}x\right] \tag{6-74}$$

若对故障产品采用新单元进行替换,那么计数过程是与分布函数 $F(t|r)$ 相关的更新过程;若对故障产品进行维修,则故障过程可用条件密度函数 $\lambda(t|r)$ 描述,且该函数是 t 和 r 的非递减函数;若采取最小维修且维修时间可忽略不计,则 $\lambda(t|r)=h(t|r)$。

【例 6-9】　某汽车制造商对其生产的汽车提供 2 年和 8000 千米的二维质保服务,在质保期内发生如果汽车发生故障,制造商会承担免费维修的服务。假设:①该汽车的失效率函数为 $\lambda(t)=0.2+0.4t+0.6r+0.8rt$;②每次发生故障都通过最小维修方式解决;③顾客使用率服从 $[0,10)$ 的均匀分布。试

计算售出后每辆车的平均索赔次数。

解：根据图 6.2，通过简单计算可得，质保区域的对角线斜率 $\eta = 4$。接下来对质保区域分成两块分别积分计算

$$\Lambda(\text{WP}|r>4) = \int_0^{\frac{8}{r}} 0.2 + 0.4t + 0.6r + 0.8rt \, \text{d}t = \frac{27.2}{r} + \frac{12.8}{r^2} + 4.8$$

$$\Lambda(\text{WP}|r \leqslant 4) = \int_0^2 0.2 + 0.4t + 0.6r + 0.8rt \, \text{d}t = 1.2 + 2.8r$$

由下式

$$M(\text{WP}|r) = F(\text{WP}|r) + \int_0^{\text{WP}} M(t-s|r) \, \text{d}F(s|r)$$

得出在使用率条件下的期望索赔次数为

$$\Lambda(\text{WP}) = \frac{\left[\int_0^4 \Lambda(W|r \leqslant 4) \, \text{d}r + \int_4^{10} \Lambda\left(\frac{U}{r} \middle| r > 4\right) \text{d}r \right]}{10} \approx 8.28(\text{次})$$

(2) 加速故障时间模型。加速故障时间模型认为产品的使用率可视为作用于产品的一种应力。当使用率高于名义使用率时，将加速产品部件的退化，增加产品的故障强度；反之，将延缓产品的老化过程。

令 T_0 为名义使用率 $r_0 = U/W$ 下第一次故障时间，T_r 为给定使用率 r 下首次故障时间，根据 AFT 模型则有

$$\frac{T_r}{T_0} = \left(\frac{r_0}{r}\right)^\gamma \tag{6-75}$$

其中 γ 为加速因子，且 $\gamma \geqslant 1$。

在可靠性研究领域中，通常假设产品的第一次故障服从威布尔分布。若 T_0 服从尺度参数为 α_0、形状参数为 β_0 的威布尔分布，则 T_r 服从尺度参数为 $\alpha_0(r_0/r)^\gamma$、形状参数为 β_0 的威布尔分布。T_r 的分布函数记为 $F_r(t, \alpha_r, \beta_r)$，则有

$$F_r(t, \alpha_r, \beta_r) = F_{r_0}((r/r_0)^\gamma t, \alpha_0, \beta_0) \tag{6-76}$$

在 t 时刻，相应的概率密度函数、可靠度函数和故障率函数为

$$f_r(t) = \frac{\beta_0}{\alpha_0(r/r_0)^\gamma}\left[\frac{t}{\alpha_0(r/r_0)^\gamma}\right] \exp\left\{-\left[\frac{t}{\alpha_0(r/r_0)^\gamma}\right]^{\beta_0}\right\} \tag{6-77}$$

$$R_r(t) = 1 - F_r(t) = \exp\left\{-\left[\frac{t}{\alpha_0(r/r_0)^\gamma}\right]^{\beta_0}\right\} \tag{6-78}$$

$$h_r(t) = \frac{f_r(t)}{1-R_r(t)} = \frac{\beta_0}{\alpha_0 (r/r_0)^\gamma} \left[\frac{t}{\alpha_0 (r/r_0)^\gamma}\right] \tag{6-79}$$

若对故障产品采用新单元进行替换,那么计数过程是与分布函数 $F_r(t,\alpha_r, \beta_r)$ 相关的更新过程;若对故障产品采取最小维修,且维修时间可忽略不计,则产品的故障过程是一个非齐次泊松过程,其故障强度等于首次故障时间的故障率。在 $(0,t]$ 时间段内,产品发生故障的故障期望数为 $E[N(t)] = \int_0^t h(x)\mathrm{d}x$。

2. 常见二维产品的质保成本分析

对于二维质保产品,由于其寿命周期通常较长,所以质保政策大都为非更新的。接下来主要讨论非更新质保期的常见质保政策。

(1) 非更新质保期的免费更换/维修政策。

对于二维质保产品,因为使用率各异,可享受的质保服务时间长度有所区别。当 $R=r$ 时,质保期长度为

$$\text{WP} = \begin{cases} W, & r \leqslant \dfrac{U}{W} \\ \dfrac{U}{r}, & r > \dfrac{U}{W} \end{cases} \tag{6-80}$$

在免费更换政策下,质保期内的故障是一个更新过程,分布函数为 $F_r(t)$,单个产品的期望质保成本为

$$E[C_\Omega(W,U)] = \begin{cases} \dfrac{U}{r}C_r, & r > \dfrac{U}{W} \\ WC_r, & r \leqslant \dfrac{U}{W} \end{cases} \tag{6-81}$$

其中 C_r 为单个更换成本。

更新函数 $M_r(t)$ 的计算公式为

$$M_r(t) = F_r(t) + \int_0^t M_r(t-t')\mathrm{d}F_r(t') \tag{6-82}$$

考虑所有使用率条件下,期望质保成本为

$$E[C_\Omega(W,U)] = C_s \left[\int_0^{U/W} M_r(W) g(r)\mathrm{d}r + \int_{U/W}^\infty M_r(U/r) g(r) \mathrm{d}r\right]$$
$$\tag{6-83}$$

若对所有故障产品采取免费最小维修的方式,且维修时间可忽略不计,则产品的故障过程服从非齐次泊松分布,条件密度函数为 $\lambda(t|r) = h(t|r)$。

在$[0,t]$时间段内,该过程的强度函数记为$\Lambda_r(t)$,它指在规定时间段内发生故障的平均个数,反映了故障的发生强度,具体表达式为

$$\Lambda_r(t) = \int_0^t \lambda(x|r)\,\mathrm{d}x \qquad (6\text{-}84)$$

单个产品的期望质保成本表示为

$$E[C_\Omega(W,U)] = \begin{cases} C_\mathrm{m}\Lambda_r\left(\dfrac{U}{r}\right), & r > \dfrac{U}{W} \\ C_\mathrm{m}\Lambda_r(W), & r \leqslant \dfrac{U}{W} \end{cases} \qquad (6\text{-}85)$$

考虑所有使用率条件下,期望质保成本为

$$E[C_\Omega(W,U)] = C_\mathrm{m}\left[\int_0^{U/W}\Lambda_r(W)g(r)\,\mathrm{d}r + \int_{U/W}^\infty \Lambda_r\left(\dfrac{U}{r}\right)g(r)\,\mathrm{d}r\right] \qquad (6\text{-}86)$$

(2)非更新质保期的按比例支付费用质保政策。

与一维按比例支付费用质保政策类似,二维质保产品的按比例支付费用质保政策同样较为灵活。比例系数$\alpha(t,u)$的形式多样,视具体情况而定。常见的$\alpha(t,u)$,$(t,u\in\Omega)$有两种,分别为

$$\alpha(t,u) = a \qquad (6\text{-}87)$$

$$\alpha(t,u) = \left(1 - \frac{t}{W}\right)\left(1 - \frac{u}{U}\right) \qquad (6\text{-}88)$$

当$\alpha(t) = 1$时,该政策就变成了免费更换质保政策;而当$\alpha(t) = 0$时,则代表用户承担所有更换费用,厂商不再提供质保。值得注意的是,当$R = r$时,质保期内发生故障时的工作时间为t,对应的累积使用度用rt表示。

6.4 本章小结

本章比较系统地介绍了维修活动及维修策略的基本概念、理论与方法,首先介绍了影响质保成本的主要因素;其次为后续复杂维修策略的展开补充了随机过程的相关理论,分别从修复性维修、预防性维修出发,确立了不同目标下维修策略的制定及相应维修费用维修时间建模等;最后介绍了针对可修和不可修产品的常见一维质保成本模型、二维质保产品故障建模的主要方法和其质保成本分析方法。

第6章 基于质保数据的产品质保成本建模

习题 6

1. 简述修复性维修和预防性维修的常用维修方式及各自的作用,并辨析两种维修活动的区别与联系。

2. 以汽车产品为例,说明在对汽车的维修活动中需要经历哪些步骤,并对这些步骤进行分类总结。

3. 某种机械产品的可靠度函数为 $R(t)=\exp(-0.5t^2)$,当该产品发生故障时,采取小修的修复性维修方式,维修时间忽略不计,问该机械产品使用 200 个时间单位后的期望修理费用为多少?

4. 联合客观实际,列举对于汽车这类商品可以采用的预防性维修手段,并确定每种维修方式的适宜频率。

5. 某发动机零部件的失效率函数为服从尺度参数为 2、形状参数为 2 的威布尔分布,问该产品无故障运行 100 个时间单位的概率为多少?如果在 100h 内,产品每次发生故障后都替换为一个新产品,费用为 2000 元,问 100h 内该发动机零部件发生故障的期望次数以及期望维修费用为多少?

6. 已知某个产品由两个部件串联组成,各自的失效率分别为 $\lambda_1(t)$、$\lambda_2(t)$。对该产品同时进行预防性和修复性维修。部件 1 每隔 T_1 时间以替换的方式进行一次预防性维修,部件 2 每隔 $2T_1$ 时间以替换的方式进行一次 PM,PM 周期内的故障采取小修的方式进行修复性维修。计算该产品在 $[0,10T_1]$ 内的失效率。

7. 如果在习题的第 6 题中,若每次预防性维修均采取不完美维修的方式进行,每个 PM 周期内发生的故障通过小修的方式维修,试选取合适的不完美预防性维修模型,计算该产品在 $[0,10T_1]$ 内的失效率及期望故障次数。

8. 分别使用固定计划预防性维修策略和基于寿命的预防性维修策略对习题第 6 题进行建模,得到两种策略下的期望维修费用,并进行比较。

9. 试详细对比一维质保和二维质保的不同及各自的优缺点,并列举生活中的常见产品,对其质保策略进行分析。

参 考 文 献

[1] PRABHAKAR MURTHY D N, JACK N. Extended warranties, maintenance service and lease contracts[M]. Berlin: Springer Berlin Heidelberg, 2016.
[2] ULRICH K T, EPPINGER S D. Product design and development[M]. New York: McGraw-Hill College, 2019.
[3] PRABHAKAR MURTHY D N, RAUSAND M, ØSTERÅS T. Product reliability: Specification and performance[M]. London: Springer-Verlag, 2010.
[4] BLISCHKE W R, REZAUL KARIM, PRABHAKAR MURTHY D N. Warranty data collection and analysis[M]. London: Springer London, 2011.
[5] BLISCHKE W R, PRABHAKAR MURTHY D N. Reliability, modeling, prediction and optimization[M]. New York: John Wiley & Sons Inc., 2000.
[6] RAI B K, SINGH N. Reliability analysis and prediction with warranty data[M]. Boca Raton: CRC Press Inc., 2009.
[7] 吴玉洁, 刘子先, 董方岐. 二维质保政策下产品索赔差异调查决策[J]. 计算机集成制造系统, 2020, 26(7): 1918-1930.
[8] 仝鹏, 刘子先, 门峰, 等. 基于产品使用率的二维延伸性汽车产品保证策略[J]. 计算机集成制造系统, 2014, 20(5): 1149-1159.
[9] 戴安舒, 魏冠州, 何曙光, 等. 二维质保管理研究综述与展望[J]. 工业工程, 2019, 22(6): 96-102.
[10] 张兆民, 何曙光, 孔祥芬. 考虑顾客不同使用强度的产品质保期和价格最优设计[J]. 工业工程, 2021, 24(1): 66-73.
[11] JURAN J M. Juran's quality control handbook[M]. New York: McGraw-Hill, 1988.
[12] 张凤荣. 质量管理与控制[M]. 北京: 机械工业出版社, 2011.
[13] BLISCHKE W R, KARIM M R, PRABHAKAR MURTHY D N. 保修数据收集与分析[M]. 北京: 国防工业出版社, 2014.
[14] PRABHAKAR MURTHY D N, BLISCHKE W R. Warranty management and product manufacture[M]. London: Springer London, 2006.
[15] 李良巧. 可靠性工程师手册[M]. 北京: 中国人民大学出版社, 2012.
[16] 赵宇, 杨军, 马小兵. 可靠性数据分析教程[M]. 北京: 北京航空航天大学出版社, 2009.
[17] 潘尔顺, 陈震. 高可靠性产品退化建模研究综述[J]. 工业工程与管理, 2015, 115(06): 1-6.
[18] 袁立峰, 时钟. 产品退化状态的可靠性分析[C]//中国电子学会电子制造与封装技术分会. 中国电子学会可靠性分会第十四届学术年会论文选. 2008: 210-215.
[19] 盛骤, 谢式千, 潘承毅. 概率论与数理统计简明本[M]. 4版. 北京: 高等教育出版社, 2009.
[20] JIANG R Y, PRABHAKAR MURTHY D N. 维修管理决策模型[M]. 北京: 科学出版社, 2008.
[21] 赛义德, 杨舟. 可靠性工程[M]. 北京: 电子工业出版社, 2013.
[22] WANG Z M, YANG J G. Numerical method for Weibull generalized renewal process and its applications in reliability analysis of NC machine tools[J]. Computers & industrial engineering, 2012, 63(4): 1128-1134.
[23] CELEUX G, DIEBOLT J. The SEM algorithm: A probabilistic teacher algorithm derived from

the EM algorithm for the mixture problem[J]. Computational statistics quarter, 1985(2): 73-82.
[24] YE Z, NG H. On analysis of incomplete field failure data[J]. Annals of applied statistics, 2014, 8(3): 1713-1727.
[25] 王亚菲. 基于保修数据的汽车初次故障时间监控方法研究[D]. 天津：天津大学, 2014.
[26] ISKANDAR B P, BLISCHKE W R. Reliability and warranty analysis of a motorcycle based on claims data[M]. New York: Wiley-Blackwell, 2003.
[27] 戴安舒. 二维质保产品的索赔数据分析与柔性预防性维修策略设计研究[D]. 天津：天津大学, 2017.
[28] BAIK J, PRABHAKAR MURTHY D N. Reliability assessment based on two-dimensional warranty data and an accelerated failure time model[J]. International journal of reliability & safety, 2008, 2(3): 190-208.
[29] 苏秦. 质量管理与可靠性[M]. 北京：机械工业出版社, 2006.
[30] 刘东, 张红林. 动态故障树分析方法[M]. 北京：国防工业出版社, 2013.
[31] KIJIMA M, SUMITA U. A useful generalization of renewal theory: Counting processes governed by non-negative Markovian increments[J]. Journal of applied probability, 1986, 23(1): 71-88.
[32] SHAFIEE M, CHUKOVA S. Maintenance models in warranty: A literature review[J]. European journal of operational research, 2013, 229(3): 561-572.

图书资源支持

感谢您一直以来对清华版图书的支持和爱护。为了配合本书的使用,本书提供配套的资源,有需求的读者请扫描下方的"书圈"微信公众号二维码,在图书专区下载,也可以拨打电话或发送电子邮件咨询。

如果您在使用本书的过程中遇到了什么问题,或者有相关图书出版计划,也请您发邮件告诉我们,以便我们更好地为您服务。

我们的联系方式:

地　　址:北京市海淀区双清路学研大厦 A 座 714

邮　　编:100084

电　　话:010-83470236　010-83470237

客服邮箱:2301891038@qq.com

QQ:2301891038(请写明您的单位和姓名)

资源下载:关注公众号"书圈"下载配套资源。

资源下载、样书申请

书 圈

图书案例

清华计算机学堂

观看课程直播